ヨシキ×ホークの
ファッキン・ムービー・トーク！

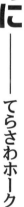

はじめに――てらさわホーク

『ファッキン・ムービー・トーク！』というタイトルから、高橋ヨシキさんと自分とが、さまざまな映画についてご機嫌な感じでおしゃべりする内容を期待されたかもしれない。そんなみなさんにまずおことわりしておきたいのは、本書が実はそういう内容でもないということだ。数ヶ月にわたる対話の結果として出てきたものを見てみれば、ある映画作品についてその内容を掘り下げるというよりは、映画という娯楽・文化そのものを取り巻く状況についての話が中心になっている。「もっと作品を掘り下げろ！」「あの映画の話はどうした!?」と言われれば、それはまた次回……と頭をかくしかない。すみません！

とはいえ、映画なるジャンルそのものの話をせざるをえないのには、それなりの理由があるのだ。

高橋ヨシキさんと知り合ったのは、おそらく1998年ごろのことだ。まだ世間から見放されたドヤ街のようなものだったインターネットで、ヨシキさんは女囚映画やモンド映画、またはナチ映画などなど、当時の日本ではほぼ誰も語ることのなかったジャンルの作品群について、力の入った論評を次々にアップしていた。真っ黒い地に赤やピンクのテキストが躍るウェブサイトにすっかり魅入られ、毎日のように見に行くうちに、いろいろあって直接会うことになった。それから約20年間、実に頻繁にビールを飲んでいる。

新宿二丁目のゲイ・バーのショータイムがあまりに楽しいので、ほぼ毎日通った。いずれ金がなくなり、紀伊國屋の前から店に電話して、「今日は二人合わせて3000円しかないのだが、それでどうにかならないだろうか」と相談したら、「お金ができたら遊びに来てね」と非常に現実的な返答をされた。そう言われてしまえば返す言葉もなく、やむをえず養老乃瀧かどこかの超安い居酒屋で、夜明けまで飲んだ。『地獄の黙示録』のグッとくる場面について、『エイリアン』シリーズ最高傑作は『3』か『4』か（もちろん第1作は別格として。ヨシキさんが『3』、自分は『4』を推して激論になった。なお、後に『プロメテウス』が公開されたことで、この議論には終止符が打たれた）、など。

そうしておおむねご機嫌な、まさに「ファッキン・ムービー・トーク」を繰り広げてきたが、やがてどこかで、ある変化が生まれたように思う。特定の映画そのものから、それらを取り巻くさまざまな状況に関することに会話の中心がシフトしていったのだ。世の中のあれこれに対する愚痴と言ってしまえば、それまでのことだろう。それに世間には、「愚痴を言っているだけでは何も変わらないですよ。まずは自分が行動することです」とか、ちょっと油断したらすぐに誰も求めていない説教を始める連中もいる。もちろん、そういう手合いも積極的に槍玉に上げた。

ヨシキさんと自分との20数年におよぶ会話とは、映画をきっかけに世の中のあれやこれやに話を広げ、どうにもこうにもいいことがないと嘆息し、そのうちなんだか夜が明けてきてしまったので、引き続き生き抜くしかないか、と無理矢理納得して別れる。そういうことの繰り返しであったように思う。

途方もない予算のかかった超大作映画を観て、「今日はよかったなあ」と満足して一杯やり、すっかりいい気分で布団に入る。そうしているうちにも、世の中では信じがたい大事件が絶え間なく起こっている。戦争、テロ（組織的なものから個人によるものまで）、災害、疫病。世界のあちこちで、民主主義そのものが否定されつつある状況に抗議する人たちがいる。そんな彼らに対して、「国賊だ」と言葉を投げる人たちもいる（なぜ国家権力と自己を同一視する「普通の人びと」がこうも多いのか、という疑問は、ヨシキさんとの話の中でしばしば出てくる）。

社会を成り立たせているシステムが、どうにも壊れている。そのために、貧富の格差は大きくなるばかりだ。また、貧しい人たちの中にも小刻《こきざ》みな階層が増えていく。貧しい人がより貧しい人を叩く、というつらい状況がある。人種、国籍に性別、ありとあらゆることに対する差別は一向になくならないばかりか、日に日に苛烈《かれつ》さを増してさえいる。ドナルド・トランプが大統領に就任する、という、冷静に考えれば今だに信じがたい出来事もあった。

そして、ここにきての全世界的な疫病の大流行。しかし、それが起きるよりずっと以前から、この国の政権は、毎度毎度思わず言葉を失うような、極めて素《す》っ頓狂《とんきょう》な行動を取り続けている。かつてどんな映画で観たよりも世間は悪くなっているのではないか、と思わざるをえない。

そんなことを考えつつも、娯楽映画にうつつを抜かす日々を送ってもいる。現実逃避と言われれば返す言葉もない。ただ、逃避として観ていても、少なくとも社会の不正や、強者による支配を許してはならない、という当たり前のモラルをそこに見つけたりする。たとえそれが『コマンドー』であったとしても、大方の映画には「明日もどうにか心正しく生きなくては」と思わせる何かがあるものだと思う。

ところが、誰しもがそういうメッセージを受け取るわけではないようで、同じ映画を観ていることが信じられないような言葉を口から吐き出す人たちが引きも切らない（たとえばSNSで、マーベル・ヒーローの顔をアイコンにしながら差別発言を連発するアカウントのどれだけ多いことか）。彼らはいったい何を観て、何を受け取っているのか。今の世間で、いったい映画はどう観られているのか。あるいは映画の作り手側の問題もある。個人の自由と権利が何より大切だという、昔ながらのテーマを扱いながら、それを送り出している製作者の側は、途轍《とてつ》もない超巨大企業であったりする。そこではまた、権力を持つ連中が、持たざる者を蹂躙《じゅうりん》していたりもする。

「無邪気に映画を観ていていいものか」と、やはりここでも思わされる。そうした、かねて自分が感じてきた疑問や葛藤についても、ヨシキさんをつかまえてぶつけてみた。答えが出たかどうかは、みなさんでジャッジしていただきたいと思う。

本書のために、とくに娯楽映画を取り巻くあれやこれやについて話し始めたのは、確か昨年、2019年の暮れが近づいたころだったと思う。そうこうするうちにCOVID-19、いわゆる新型コロナウイルスというものの流行が始まる。大変なことが起きるときはだいたいそうだが、この疫病が流行り始めた当初は対岸の火事として、「まあえらいことになっとりますな」と呆《ほう》けたことを言っていた。それが瞬《また》く間に自分の仕事にも大きな影響を及ぼすようになり、かつ飯を食ったり買い物をしたりといった、いわゆる必要最低限以上の日常さえもあっという間に激変した。

映画館も閉まってしまった。新型ウイルスの感染拡大防止、ということで新作映画の封切りが止まり、都内大手シネコンでは『JAWS／ジョーズ』や『ゴッドファーザー』の再上映が始まる。そのときすらまだ、「すごいなあ、40年前に時間が戻ったようだ」などと半笑いでいたものだが、じきに旧作のリバイバルさえも休止。とうとう映画館が完全に営業を停止してしまった。40数年生きてきて、こういう事態はちょっと記憶にない。もちろん日本の各地には、これまで災害などで娯楽どころではない状況に置かれてきた方が数多くおられることと思う。何の心配もなく映画館に出かけ、「今日はいいもの観たな、ウヘヘ……」と笑っていられた自分は、今まで恐ろしく運が良かった。それだけの話なのだろうとは思う。

しかし、これまで映画について人前であれこれ書いたりしゃべったりすることを許されてきた自分にとって、街でその映画の一つも観ることのできなくなった現状というのは、なかなかに危機的ではある。家に籠《こも》って仕事をしながら……いや仕事をしているふりをして、『ランボー』などをボンヤリ観ながら、そんなことを考えている。

さらに危機的だと思うのが、本書でこれから取り上げるさまざまなトピック（というか問題。読者のみなさんが変に身構えなくていいように、あえて「問題」ではなく「トピック」と言ってごまかしております）が、２０２０年7月のいま現在、何も解決してはいないということだ。世間には、そして娯楽映画の周りには数多くの心配事が積み重なっており、そこへさらに誰も予想していなかった（誰かは予期していたのだろうが、少なくともこちらは何も心配していなかった）パンデミックが広がっている。今や映画産業自体が青息吐息だ。それどころか世間のありとあらゆる場所から、「これではもう暮らしていけない！」という悲鳴が次々に上がっている。

「映画なんか観ている場合ではないのではないか」という懸念は、もう現実になっているのかもしれない。今から半年後、あるいは1年後か数年後かはわからないが、「こんな悲観的なことを言っていた時期もあったなあ！　ワハハ」と笑えるようになっていれば、どんなに良いかとは思う。しかし繰り返すが、この疫病以前から山積してきたモヤモヤの数々は、社会のいたるところにほぼそのまま残っている。たとえCOVID-19がある程度の終息を見たあとにも、また別種の大変な事象が現れてくるだろう。

世の中どんどん悪くなる。では、すべてを諦めて日々を無心に送れるかといえば、そんなわけもなく、嫌なことを忘れたり、とりあえず明日以降をまた生きたりするためには、映画（をはじめとした、それぞれの娯楽）は絶対に必要なのだ。

かといって、「与えられるものを、ただ口を開けて享受しているのもちょっとなあ」というみなさんにとって、本書が映画との向き合い方を考えるきっかけになってくれることを願う。読者のみなさんにおいては、ここで交わされた話に同意していただけることもあれば、それはどうかと思われることもあるだろう。そのあたりについては、いずれ直接話しかけていただければと思う。とりあえずちょっと一杯、いや五杯ぐらい引っかけて、我々の話に耳を傾けていただきたい（なぜなら我々も、だいたい何杯か引っかけているからだ）。

ヨシキ×ホークのファッキン・ムービー・トーク！ 目次

※本書は、2019年10月〜2020年2月に行った対談をもとに、加筆・修正したものである。
※本文中の映画やドラマ、書籍のタイトルは、基本として『』で、雑誌のタイトルは「」で括っている。
また文脈上、略称など、一部正式名でない表記もある。

第一章　ガラパゴス化する日本の現在地

2019年、世界の映画市場は沸きに沸いた。ドル箱シリーズとなったディズニーによるマーベル・シネマティック・ユニバース。そのいったんの完結作『アベンジャーズ／エンドゲーム』が公開されるやいなや、30億ドル近くまで興行収入を稼ぎ、『アバター』を抜いて歴代世界興収ナンバーワンとなったのだ。一方、日本の年間興収ランキングを見ると、新海誠によるアニメ映画『天気の子』が1位、毎年公開の『名探偵コナン』が堅調に5位につけ、『エンドゲーム』は8位に過ぎなかった。これは、巷間《こうかん》「ガラパゴス」などと揶揄《やゆ》される日本の文化的問題なのか。それとも、日本には日本の独自性があると評すべきことなのか。

また、ハリウッドが中国市場を意識していると言われる昨今、いみじくも『エンドゲーム』では、人気キャラクターのホークアイが登場する場面で、近年のハリウッド大作では珍しく日本を舞台にしたシーンが描かれた。それに対し、日本の観客からは「日本語が意味不明」「日本描写がデタラメ」という批判も聞かれた。日本がもはや経済大国ではなくなった現在、こうしたリアクションは妥当でありうるのか。同様に、日本のIP（知的財産）を用いたハリウッド作品においても、こうした現象は頻繁に目にするが、では、大事な漫画やアニメが築いたIPを日本映画界は生かせているのか。流出する状況に問題はないのか。

今一度、世界の映画界における日本の立ち位置を考える。

日本ではロケができない？

ヨシキ じゃあ、まずは「日本スゴイ！」って話からしますか。

ホーク 世界中が大好きな。

ヨシキ 羨望の的だという。

ホーク 本当かなあ。真田広之が『アベンジャーズ／エンドゲーム』に出たという例がありましたけど。どんな重大な役かと思いきや、ホークアイとちょっと絡んで「勘弁してくれー」★1って死んじゃった。そして数多くの日本人が寂しい思いをしたという。

ヨシキ そこへいくと『ウルヴァリン：SAMURAI』★2は良かった。いわゆるモンド的な「日本」のイメージが炸裂《さくれつ》していて。

ホーク 高田馬場から通り1本挟んで秋葉原、そしてちょっと走ったら芝公園に着くという。

ヨシキ 映画ではよくあることなので、全然大丈夫。アメリカ映画だってヨーロッパ映画だって、**角を曲がったら違うロケ地なんてことは日常茶飯事**だし、セットとロケ地を交互に行き来するのも普通。知っている場所だと「あっ！」ってなるけど、それはそれで楽しいよね。

ホーク 行ったことない国だったらねぇ。そんなのわからないですよ。

★1 「勘弁してくれー」
サノスに家族を殺されヤケっぱちになったホークアイは、弓を捨て武器を刀に替え、世界各地で犯罪者狩りを繰り広げていた。東京で真田広之演じるヤクザと闘うのだが、その際ホークアイがしゃべる日本語がなかなかに何を言っているのかわかりづらいうえ、歌舞伎町あたりを模したであろうセットが街並み・看板ともに「なんか……違う……」という出来で、一部から「ガッカリした」との声が上がった。

★2 『ウルヴァリン：SAMURAI』
13年・米／監：ジェームズ・マンゴールド／脚：マーク・ボンバック、スコット・フランク／演：ヒュー・ジャックマン、TAO、福島リラ、真田広之
「X-MEN」シリーズのスピンオフ作品。ヤクザ軍団に恋人を拉致されたウルヴァリンは、彼女を取り戻すために宿敵・シルバーサムライと対決する。

ヨシキ　まあ「サイバー日本」憧れとか、アメリカのオタクの子にあったりするのも、わかるけど。『ウルヴァリン：SAMURAI』は、『ブレードランナー』症候群というか、「サイバー日本」憧れのようなものもきちんとすくい上げていた。アメリカの田舎に住んでいるオタクの子の目から見た、未来世界としての歌舞伎町感というか。一方で、日本のそういうイメージは、どこまでいっても『ブレードランナー』と『AKIRA』、あとは『攻殻機動隊』とか止まりで、「その先」が提示できていないということはあるかもしれない。

というのも、**日本はバブル経済がはじけてからこっち、景気が悪くて新しい都市の形を作り出せずにいる**から。サイバーでエキゾチックな日本というのは、1960年代から80年代くらいまでに建てられた建物の「ガワ」に、レーザーやネオンを貼り付けたものでしかない。建築ラッシュが起きるような余力がないから、古びた建物ばかりになってしまっているんだけど、今は逆にそれが「アジアン・レトロでかわいい」という評価のされ方をするようになってきている。

『ウルヴァリン：SAMURAI』の日本も、まさにそういう感じ。実態は老朽化したビルばかりになっているということで、これは「日本スゴイ」というより**「日本ヤバイ」**という話なんだけど。

ホーク　同じアジアでも韓国なんかは、マーベル映画でも『ブラックパンサー』や『エイジ・オブ・ウルトロン』で大々的な屋外ロケに使われていますね。

ヨシキ　日本の都市部は、大掛かりなロケをするのが非常に難しい。アメリカでも街によって対応はまちまちで、たとえばニューヨークだと道路を封鎖して撮影することに対する抵抗感が強いけど、ロサンゼルスは「映画の都」だからかなり自由度が高いとか、そういうことはある。東京の中心部で、ど派手なカーチェイスや銃撃戦を撮影するのは不可能に近いんじゃないかとも思うけど、やればできないこともないかもしれない。前は「東京は全然ロケさせてくれない」と思っていたけど、いろいろ知るうちに、それもケース・バイ・ケースなんじゃないかと思うようになった。

ホーク　いつからですかねえ、ロケがしにくくなったのは。

ヨシキ　昔の野蛮な時代は、**ゲリラ撮影でガンガンやってる**よね。今もゲリラ的に撮っている人はたくさんいる。それでも、『君よ憤怒《ふんど》の河を渉《わた》れ』★3みたいに、新宿の南口から西口にかけて馬の大群が大暴走するようなゲリラ撮影は……まあ無理でしょうね（笑）。というか当時でも、なぜあんなことが可能だったんだろう!?

ホーク　すごいなって思ったら、だいたいゲリラなんですよね。

ヨシキ　新宿駅東口ロータリーの、あれはなんだろう、排気塔かな？　そのうえでアイドルが裸になる『堕靡泥《だびで》の星　美少女狩り』の引き画とか。しかし、ゲリラ撮影はリスクも大きいし、成り立たせるのが大変。だから、というだけでもないんだろうけど、状況をコントロールできる場所、つまり田舎や屋上、裏通りがどうしても増えてしまうのかな。あ

★3　『君よ憤怒の河を渉れ』76年・日／監：佐藤純彌／脚：田坂啓／演：高倉健、中野良子、原田芳雄、倍賞美津子
高倉健演じる検事は突然、身に覚えのないレイプと殺人の容疑で警察に追われる身となる。追っ手を振り払いながら自らの潔白を証明するために、事件の真相を求め奔走する。2017年には『マンハント』の題で、ジョン・ウー監督、チャン・ハンユー、福山雅治の主演によって、香港でリメイクされた。

と廃線。海岸沿いを自転車二人乗り……。

ホーク コインランドリーとか。

ヨシキ コインランドリー！ 確かにいっとき一斉を風靡《ふうび》していた……ような気もする！ 大きい道路を封鎖するのは、許可が下りないのかな。『ワイルド・スピードX3 TOKYO DRIFT』に出てくる渋谷のスクランブル交差点は、アメリカに作ったセット（とCG）だし、『オースティン・パワーズ ゴールドメンバー』の東京も、ロサンゼルス。「東京で撮るぞ！」と思っても、結局許可が下りなかったりで、あきらめる海外の映画も多いという話は聞く。『ブラック・レイン』★4の舞台が大阪になった理由の一つもそれだし。そうやって「東京では大掛かりなロケ撮影をさせてくれない」という評判が広まって、みんな来なくなる。縦割り行政の弊害とかもあるんだろうけど、もう少し柔軟に対応できていたら、ロケ隊もたくさん来たんじゃないかな。そうしたら外貨も稼げたのでは？

ホーク 海外で東京を再現していたら、看板の日本語も変になりますよね。「こんなの日本じゃない！」って、そりゃ**実際日本じゃないんだからしょうがない**だろうと。

身内／よそ者で区切る鎖国意識

ヨシキ そういえば去年（2019年）の暮れに、ベトナムのホーチミン市にできた「チルタウン」という名前の居酒屋が、まさに『ブレードランナー』そっくりでビックリした。

★4 『ブラック・レイン』
89年・米／監：リドリー・スコット／脚：クレイグ・ボロティン、ウォーレン・ルイス／演：マイケル・ダグラス、アンディ・ガルシア、高倉健、ケイト・キャプショー、松田優作
ニューヨーク市警の刑事・ニックは、日本のヤクザ・佐藤を逮捕。佐藤は日本で指名手配されていたため、日本に護送することになるが、ニックらは警察を装った佐藤の手下のヤクザに、まんまと彼を引き渡してしまう。捜査権限もなく、日本の警察から疎まれながらも、ニックは佐藤の再逮捕に燃える。監督のリドリー・スコットは歌舞伎町での撮影を望んだが、警察から許可が下りなかった。

「歌舞伎町にインスパイアされた」っていう触れ込みで、店内が歌舞伎町の通りを模していてね。両側の壁に「とんかつ にいむら」とか「ダイコクドラッグ」とか、そういう歌舞伎町にある店を模したファサードとネオンが連なっている。ネットで見た画像だと、「渋谷センター街」の電光サインもあって、それが逆さまになったりしている。他にも、「団結した」「独立した」とかっていう謎《なぞ》の看板もある。『ブレードランナー』の「お手持ちの鳥口」とか「コ。ルフ用品」とかのサインにそっくりで面白い。

話を戻すと、『ブレードランナー』のような、海外の映画に出てくる「間違った日本語」に対する強い反応っていうのは、**コンプレックスと表裏一体**になったものだと思う。日本では昔から、外国語が使える人に対する圧の強さのようなものがあって、少し話せる人がいても、すぐに「あれは正しい英語じゃない」とか「発音が下手」とか言われる。別に英文学を書きたいわけじゃないんだから、コミュニケーションのツールとしては、ちゃんと通じればそれでいいはずだよね。

だけど、そこをあげつらって小馬鹿にするような風潮が常にある。流暢《りゅうちょう》に話せたら話せたで、今度は「ペラペラ」という擬態語で揶揄されるしね。「ペラペラ」っていうのは侮《ぶ》蔑《べっ》的な意味合いを含んだ物言いで、「いいね、あんたは英語がペラペラで」っていうのは、決して褒めてるんじゃない。小馬鹿にしてるんだよ。なぜ母国語以外の言語に通じていることが、そうやって軽侮の対象になるのかまったく理解できない。学校の英語の授業でも、英語の発音がうまい生徒が白眼視されたりする。「そんな環境で、外国語ができるような人間が育つわけないだろ！」と言いたい。意識の鎖国感というか。

ホーク 逆に日本語をしゃべる外国人に対しては、「日本語がお上手ですね」って言うでしょう。別に大してうまくない場合でも。

ヨシキ それも本質的には、上から目線で小馬鹿にしているんだよ。よちよち歩きの幼児を見て、「偉いね、よく歩けたね」って手を叩くみたいなことでしょう。端的に言って、失礼そのものだよ。

ホーク それを言われた外国の方は、バツの悪そうな顔をしますよ。バカにしているのかって。逆の立場で言えば、僕らが一所懸命外国語をしゃべって「うまいですねえ」って言われたら、「悪かったな！」って思うでしょ。

ヨシキ 「お箸《はし》を使うのがお上手ですね」とかね。アメリカ人だって、日常的にラーメン食ってるよ！ 映画にもよく出てくるけど、割り箸で食う中華のテイクアウトだって、大昔からあるというのに。あと、海外の人が来ると、なぜか奇怪な食べ物を無理に食べさせて、反応をあざ笑うようなシーンもよくあるけど、どれだけイジメ体質なんだろうと思うときがある。自分が海外に行って同じような目に遭わされたら、どんな気持ちがすると思っているんだろうか。イジメを楽しむ感覚が「スゴイ」よ。

ホーク 『イージー・ライダー』★5に出てくる、南部の田舎者みたいなもんですよね。「よ

★5 『イージー・ライダー』
69年・米／監・脚・演：デニス・ホッパー／脚・演：ピーター・フォンダ／演：ジャック・ニコルソン
ロン毛で自由を愛してやまない、ワイアットとビリーが、コカインの密輸で得た大金を隠し持ちながら、カリフォルニアからマルティグラ（謝肉祭）が行われるニューオリンズを目指して、バイクで旅をするロードムービー。彼らは旅の中、そんな自由を許容できない保守的な人間たちと出会う。いわゆる「アメリカン・ニューシネマ」を代表する作品。

そ者が来た、猟銃で脅かしてやる！」って。

ヨシキ　うん、さっきの「奇怪な食べ物をよそ者に食べさせる」というのも、実は日本に限った話じゃなくて、世界のどこへ行っても帰属意識の高いムラ社会では似たようなことが起きる。奇怪な食べ物を食べるというイニシエーションを乗り越えることで、「身内」として認められるというか、少なくともその第一段階を経たと認めるような。いずれにせよ、「身内」と「よそ者」の境界線に、異常に敏感な精神のあり方ではある。

ホーク　そうね。そういう圧力が昔以上にあるのかもしれない。コンビニの外国人アルバイトにいばるジジイがいるでしょう。以前よりも増えているような気がするんですよ、嫌なジジイが。

ヨシキ　いるなあ。相手次第でどこまでも居丈高になって、大声で怒鳴り散らすジジイが。なんなんだろ、あれは。

ホーク　歳とともに、イライラしやすくなるんじゃないですか。

ヨシキ　根っこのところには、被害妄想があるんでしょう。家父長制や男尊女卑によって、「下駄を履かせてもらって」やってきたのが、そこのところがフラットになっていくにつれて、**自分たちの特権が何か奪われたかのように感じている**んだと思う。ホワイト・プリヴィレッジ（白人特権）が失われたと思っている、白人の感覚に近いんじゃないの？

ホーク　暇で暇で、構ってほしいっていうのもあるんでしょうね。

ヨシキ　そういう世代が全員くたばったら、少しは今よりマシな日本になるのかな。でも、一部にはそういうメンタリティが継承されてしまっているということもあるし、そんな時代が来る前に、日本が国家の体《てい》をなさなくなる可能性も高くなってきた。「日本ヤバイ」（笑）。

ホーク　ヤバイといえば、新宿で変なジャンパーを着て、「朝日新聞不買運動」をやっているようなジジイ。あのへんの仲間だと思うんですけど、いつぞや自民党が秋葉原でやった演説大会に、「おいっＮＨＫ、偏向報道は犯罪なんだよ」って紙を持ったジジイが来ていたわけ。または、「核戦争には慣れている 試してみるか？」と、たぶん北朝鮮に向けたとおぼしき看板を持ったジジイもいる。見るからに異様ですよね。普通に考えて、自民党の街宣にそんなもの持ってきたってしょうがないだろうと思うんですけど。

また、こういうジジイが、世にもみすぼらしい風貌《ふうぼう》で、そういう突飛な主張をしていてですね。同じ電車に乗っていたら、絶対みんな「やだわ」ってなるような人。そういう手合いを、俺たち以上に一般の人は嫌がるじゃないですか。避けて通るはずなのに……。でも、それが何となく許容されている。自民党の街宣という、言うなれば主流中の主流みたいな場に、そんなジジイが大勢いても、世間はあんまり気にしない。

あと、名古屋の市長も相当きているでしょう。「あいちトリエンナーレ」★6が不敬だと言って、会場の前に座り込んでですよ、ヨレヨレのポロシャツか何か着て。この人のＳＮＳなんか見ていると、日本語さえ覚束《おぼつか》ない感じで、もう明らかにどうかしているん

★6　「あいちトリエンナーレ」　2010年から愛知県で開催されている国際芸術祭。2019年の会期において、天皇の写真を燃やしたシーンがある大浦信之の映像作品『遠近を抱えて』や、従軍慰安婦を題材にした安世鴻の『平和の少女像』などを展覧した「表現の不自由展」に対して、保守派から「税金を使って反日作品を展示することは許せない」と批判が噴出。政治家も同調し、萩生田光一文科大臣や河村たかし名古屋市長が、税金を原資としたあいちトリエンナーレへの補助金の打ち切りを明言。あいちトリエンナーレ・芸術監督の津田大介は「実質的な表現への検閲」だと応答した。

ですけど、世間的にあいつヤバイな、とはならないという。

ヨシキ　声が超デカいんだよね。恐ろしいほど野蛮な世界観に基づいているから、「威《い》嚇《かく》」と「萎《い》縮《しゅく》」みたいな関係性に囚《とら》われてしまっている。「大声で威嚇したもん勝ち」だったら、そんなものは文明社会でもなんでもないんだけど。

ホーク　そう、声がデカいですね。朝日がどうした、韓国がどうした、デカい声で言い募る。でも、それを遠巻きに見ている人にも、同じ考えの人がけっこういるんじゃないかと思うんです。こういうジジイを野放しにしている人たちの何割かは、内心じゃ「韓国って、なんか嫌だわ」とか考えていたりして、じゃあ「お前ら一緒じゃねえか」って思う。ジジイとは違って見た目はまともで、日常生活はできているだろうけど、中身は一緒じゃないかと。

ヨシキ　「独立した個人」を確立できなかったことはあるだろうし、集団としてのアイデンティティが老朽化したことで、帰属意識のよりどころが不安定になり、**精神的にクライシス状態**なんだろうと思う。でも、それはやっぱりおかしな話で、「日本スゴイ」の「日本」という大きな主語と、個としての自分が同一だったことなんて一度もなかったはずなのに、その幻想にしがみついて離れようとしない。アイデンティティをどうするか、というのは難しい問題かもしれないけど、自分にとって都合のいい、想像上の主体と一体化しているかのような錯覚は、全体主義的だし危険でしかない。

ホーク　日本人がオリンピックでメダルを取ったら、とりあえず喜ばなきゃみたいなマインド。

ヨシキ　昔、『会社物語 MEMORIES OF YOU』という映画があって、予告で「今の日本は俺たちが作ったんだぞ！」って植木等扮《ふん》するサラリーマンたちが叫ぶんだよ。それを観て、心底キモいと思ったことをよく覚えてる。「独立した個人」という感覚が、二重にも三重にも無化されているから。全方位的に受け入れがたい何かがそこにあった。でもさ、『エンドゲーム』の日本描写に文句を言ってる人たちは、別に60代とか70代ってわけじゃないよね？

ホーク　年寄りはあんまり観てないでしょうね。そこはもっと若い人なんでしょうけど。

ヨシキ　80年代ニンジャ映画ブームを経ていないから、抵抗感があるのかな（笑）。

若者の「洋画離れ」ではなく、「金離れ」

ホーク　一方で、若い子の洋画離れって言われたりするじゃないですか。

ヨシキ　もう百万回言われてることだけど、「映画の入場料金が高い」し、「テレビで洋画を放映しなくなった」から？

ホーク　ただ女子高生とかは、日本映画をそれなりに観に行っていると聞きますよ。

ヨシキ　ああ、その話は知人の映画監督から聞いたことがある。テレビドラマが中高年向けのものばかりになっちゃったんで、自分たちの世代を描いたものを観るには、映画館に来るしかなくなってしまったと。漫画原作のものが多い★7でしょう？　**とにかく若い世代向けの娯楽作品が、映画館でしか観られないという逆転現象**が起きているという。

ホーク　先輩がサディストみたいなヤツでしょう。ボーッとした子が、サディストにイジメられる映画。

ヨシキ　そんな内容なのか……「先輩はサディスト！」「後輩はマゾヒスト！」「お前はアナーキスト、ナショナリスト、イスト、イスト、イスト！」って、スターリンの『ロマンチスト』か！（笑）。「吐き気がするほどロマンチックだぜ！」っていう。で、壁ドン？

ホーク　または肩パン。

ヨシキ　テレビの洋画劇場がなくなって、日常的に洋画に触れることが減った弊害なのか、最近は「外国映画のキャストは顔の区別がつかない」という物言いを聞くこともある。あと、「字幕を追うのが大変」っていう。

ホーク　アメリカの田舎みたいですね。

ヨシキ　まさに。でも、たまに思うけど、日常的に観る映画のみならず、映画館でかかってる映画のほとんどが母国語、っていうのはどういう感覚なんだろうか。こればっかりは、アメリカ人に生まれ変わらないとわからない。

ホーク　あちらでは字幕を追う習慣がないので、外国語の映画は吹き替えたり、いっそ作

★7　漫画原作のものが多い
ここでは、人気コミックスおよびライトノベルを原作とした青春恋愛映画を指している。もちろんそれ以前からあったが、2010年代に入ってから量産されるようになった。例として、『僕等がいた』『ヒロイン失格』『ストロボ・エッジ』『orange―オレンジ―』『黒崎くんの言いなりになんてならない』『オオカミ少女と黒王子』『青空エール』『ひるなかの流星』『PとJK』『一週間フレンズ。』『きょうのキラ君』『ReLIFE リライフ』『ピーチガール』『兄に愛されすぎて困ってます』『恋と嘘』『先生！、、、好きになってもいいですか？』『センセイ君主』『未成年だけどコドモじゃない』『honey』『となりの怪物くん』『ママレード・ボーイ』『虹色デイズ』『青夏 きみに恋した30日』『3D彼女 リアルガール』『あのコの、トリコ。』『ういらぶ。』……。「キラキラ映画」とも称され、廣木隆一や三木孝浩な

り直したりするといいますね。

ヨシキ　うん、ローカライズしちゃうことも多い。日常的に映画に触れる機会がないことの弊害というのは、クリエイティブの現場にもある。もう10年以上前に知人のアニメーション監督の人から聞いたんだけど、アニメが作りたくて制作現場に来る人たちが、アニメしか観たことがなかったりするんだって。つまり、映画というか、実写で映像を作るときの基本的な文法を理解しないまま、アニメーションという映像の現場に来てしまう。アニメにはアニメの文法があって、それが独自の進化を遂げて面白いということは確実にあるんだけど、それでも映像の基本の文法というものは、身につけておかないと。

本や学校で学ぶこともできるけど、普段から映画を観ていれば肌感覚でわかることも多い。今はテレビの洋画劇場がなくなった穴を、NetflixとかHuluとかの配信サービスが埋めてくれている、ということもあるんだろうけどね。ただ、配信サービスのアイコンから映画を選ぶのって、なかなか難しいよね。ある程度の情報は載ってるけど、レンタルビデオ屋でパッケージを見るのに比べたら、やっぱり手がかりが少ない。選ぶのが難しいと、どうしてもランキング頼りになりがちだし、そうなると**みんなが良いって言ってるものしか観ない、という地獄道に通じてしまう。**

テレビの洋画劇場や二番館は、「全然知らない世界に唐突にぶち当たる」というきっかけを与えてくれる場でもあったんだけど、そういうところをなんとか作りたいよね。「映

どが監督することが多い。低予算ながら観客を呼べる企画として重宝されてきたが、数が増えすぎたせいか近年はさほどヒットしなくなってきている。

画秘宝」みたいな雑誌、個人でやってるZINEとか、あとはSNSとか？ 方法はいろいろありそうだし、実際にやっている人もたくさんいると思うけど、地上波ほどのインパクトにはどうしても欠ける。それに、僕も配信サービスで動画を観るときに感じることだけど、配信のアイコンをクリックする、という作業がすでに……。

ホーク そのワンクリックが面倒くさい。

——それにしてもNetflixのサムネイルって変じゃないですか。「なぜその場面を？」という選ばれ方で。

ヨシキ あれは、ユーザーによって違う画像が表示されているらしい。視聴傾向から、AIがサムネイル画像を選んでるのかな。

ホーク お前はこういうシーンが好きなんだろうって。あの画《え》が変なのは、自分のせいっていう（笑）。

ヨシキ 「なんでいったい、この場面を？」と不思議に思っていたら、自分のせいだった、という（笑）。まあ、**映画離れを食い止めるには、入場料金を下げる**しかないよ。絶対にそれしかない。8ドル、とまでは言わないけど、せめて10ドルくらいで観られないと。

ホーク 結局、Netflixだって若い子は契約できないでしょう。毎月高いスマホ代を払っていたら、もう金がないですよ。だから、YouTubeでなんでもタダで観りゃいいじゃん、ってことになるんじゃないですか。

ヨシキ　どこも給料が安すぎるんだよ。給料を上げろ！　そしたらみんな使うんだから。

ホーク　しかし「若者の洋画離れ」ねえ。

ヨシキ　金がないんだよ！　**若者が娯楽から離れていってるんじゃなくて、金が人々から離れて、というか吸い上げられていっている。**

ホーク　我々からも金が離れていきますね。

ヨシキ　うん、20歳ぐらい年上の出版人にお話を聞いたりすると、クラクラくる。金の回っていた時代が別次元すぎて。

ホーク　だから、若い人向けに新しいものを作りましょう、というより、歳取った固定客が金を出しそうなネタを延々繰り返す、ということになっちゃいますよね。でも、それがあと何十年も保《も》つのかと。

ヨシキ　なんか、タコが自分の足食べちゃう話みたいだよね。

日本人の自我が、風景まで拡張している？

ヨシキ　洋画に登場する日本のイメージに対して文句が出るのは、**自分の見え方を極端に気にすること**ともつながってると思うんだ。自分がカリカチュアライズされたり、デフォルメされたりすることを耐えがたく感じてしまうというか。日本のイメージが、ニンジャ・ネオン・ロボット・新幹線でも、全然いいんだけどなあ。ニンジャはカッコいいからな！

80年代にはニンジャ映画もブームで、真っ赤な忍者が出てくる映画もあったよね。

ホーク　お前、まったく忍ぶ気がないだろうと（笑）。

ヨシキ　でも、そういうモンド感とか、エスニック感を出していくのは、すでにトレンドになっているというか、ディズニーの『モアナと伝説の海』なんかもそうだけど、ポジティブな出し方・受け取られ方をするようになった。逆に差別的なカリカチュア表現、それこそ『ティファニーで朝食を』でミッキー・ルーニーが演じたユニオシさん（ハゲ、メガネ、出っ歯）は見かけなくなった。ユニオシさん的なものは悪意ある表現で、戦争中の連合軍側のプロパガンダ・ポスターに描かれた東條英機の似顔絵の直系とも言える。

同じ「戯画化」ではあっても、**差別とステレオタイプの文脈で描かれる攻撃的な表現と、エスニシティやプライドをエンパワーメントするものは、方向性がまったく違う。**あと、戦前のベティ・ブープモノのカートゥーンに、『ベティの日本訪問（A Language All My Own）』（35年）というのがあって、そこに出てくる日本人は目が細く描かれているけれど、差別的な表現ではない。そもそもお話がとっても友好的だということもあるけど、蔑視してあざ笑うような視点でカリカチュアライズしていない。

黒人の顔だって、差別的なステレオタイプに寄っかからずに、カリカチュアライズする方法はいくらでもある。スパイク・リーの『ブラック・クランズマン』のセリフでもあったよね。「美の基準とはなんだ？　細い鼻か？　白い肌か？　我々の唇は厚く、鼻の幅は広い。

髪の毛は縮れてる。肌は黒い！ 我々は美しい！」って。本当にそういうことだと思う。

ホーク いつぞや大坂なおみ選手★8がやられたように、肌の色を白くしたら、それはそれでえらい差別ですからね。

ヨシキ 本当に絶句するしかない。何考えてんだ！ しかし、あれだね、『アベンジャーズ／エンドゲーム』の日本描写が気に入らない人は、**自我が景色のレベルにまで拡張されてる**ってことなのかな。

ホーク しかし、「世界から見られる日本」像を気にするわりには、原発から出た放射能汚染水を平気で海に流してしまう政府なんかに対して、別に文句を言うでもないという。

ヨシキ 論理がめちゃくちゃだ。そんなことばっかりだけど……。

ホーク 「うんこの臭いがする海で、オリンピックをしましょう」とか。「私たち日本人は、戦争犯罪は一切していません！」とか。そんなことを言っているほうが、よほど世界から見られてヤバいんじゃないかと。

ヨシキ 尊大でありつつ、外から自分がどう見られているのかは常に気にしていて、無限に愛され尊敬されたいと思ってるんだとしたら、それはもう幼児的というか、病的だと思う。これはかつて、70年代くらいかな？ すでに言われていたことだけど、「日本人論」みたいなものがこれだけ出版されている国は日本しかない、っていう。でもって、我々も今まさにそういう話をしているわけだから、その説を裏付けてることになっちゃうのか？（笑）。

★8 大坂なおみ選手
日清食品カップヌードルのCMで、アニメーションで描かれた大坂なおみ選手の肌が、本人の褐色の肌よりも大幅に白く描かれた。これに対し、非白人を白人のように描く、ホワイトウォッシュではないかとの声が上がった。ホワイトウォッシュの問題は、本人のアイデンティティやルーツを否定する点にある。日清食品は件のCMについてのちに謝罪している。

ただ、日本に関していえば、エスニック感というより**エキゾチズムの対象として見られる**ことは確かにある。お風呂にオッサンが入っていると、美女がやってきて背中を流してくれる国、みたいな。そういう表現は『007』(『007は二度死ぬ』67年)にもあるし、テレビドラマの『将軍 SHOGUN』(80年)にもあった。「あった」だと思ったら、『ラスト サムライ』(03年)にも同じ表現が出てきたのには驚いたよ。そういう、エキゾチズムと結びついた性的なファンタジーが、まだ更新されずに残っているんだと。

ホーク あれは、やっぱり西洋からすると、憧れる部分もあるんでしょうかね。

ヨシキ 「従順で男に逆らわず、ひたすら尽くすアジア人女性」というファンタジー。「男尊女卑は良かったな〜」って、そんなことを羨望の眼差しで見られても困るわけだが……。

ホーク 今はアメリカのオルト・ライト★9やインセル★10が、そういう点で日本を見習うべきだと思っているかもしれない。

ヨシキ 実際、オルト・ライトの白人至上主義者が、アジア系の女性を好むという話はある。鎖国っぽい感じで内向きなところとか、移民を全然受け入れないところ——まあ受け入れないだけでなく、極めて劣悪な環境下で虐待して殺したりもしているけど——そんなところが、琴線に触れるんでしょう。

ホーク トランプなんかも、「日本はスゴイことするなあ。うちも明日からやろう!」と思っ

★9 オルト・ライト
オルタナティブ・ライト、つまり主流派右翼の代替のこと。保守層でありつつ、主流の共和党には否定的で、白人至上主義や反フェミニズム的な、より過激な主張を展開する。要するにアメリカ版ネトウヨ。特にトランプ政権支持者にオルト・ライトが多く、トランプも彼らの主張を肯定的に支持している。日本では、「オルタナ右翼」の表記も。

★10 インセル
"Involuntary Celibate"の略称。直訳すると「非自発的禁欲主義者」。ブサイクで金がなく女にモテないことを、社会的不平等と捉える思想。基本的にインセルを構成するのは男で、日本で言うところの「非モテ」系にあたる。当初はモテる方法を考えるネットフォーラムの集いだったものの、次第に女性蔑視思想に転換。しまいには、「モテ男と付き合う尻軽女は殺せ」などと物騒なことを言い出し、実際に自らインセルだと標榜する者

ているかもしれませんね。

ヨシキ　困った人たちに限って、お互いの困ったところを真似しようとするから手に負えないなぁ。

ホーク　それにしても、日本の入管というのはグアンタナモ以下★11ですよね。だってあそこに閉じ込められているのは、一般の人でしょう。

ヨシキ　うん。故郷を追われて命からがら逃げてきたら、拘束されて圧迫死させられたりしている。拷問や虐待が横行していて、自殺者もたくさん出ている。残忍極まりないよ。

ホーク　餓死させられたりとかね。

ヨシキ　一応は平和な時代だというのに、移民相手にそこまで残忍になれる人々が、ひとたび戦争になったらどういう行動に出るのか、火を見るよりも明らかだと思うけどね。入管行政には、もともとは特高警察の関係者が多く雇用されていて、そのメンタリティが今もなお引き継がれているという研究もある。

ホーク　考えれば考えるほど、そりゃいくらでも戦争犯罪をやるだろうなと思いますね。

ヨシキ　『007は二度死ぬ』もそうだけど、**エキゾチックな風景とハイテクが混じり合った日本イメージ**は1960年代からあって、そのうち「ハイテク感」「未来感」の部分が80年代にブーストされたと言えるのかな。今はすっかり中国にそのお鉢を奪われてしまった感があるけど、80年代の洋画に出てくる謎の日本人とか日本企業は、すごく金を持って

による銃乱射事件もアメリカで連発した。オルト・ライトとも密接な関係がある。

★11　グアンタナモ以下
キューバ湾グアンタナモ沖の米軍基地には、テロ容疑者の収容所がおかれている。イラク戦争中、ビンラディン拘束に全力をあげる米軍では、収容者への拷問があとを絶たなかった。その内情は映画『グアンタナモ、僕達が見た真実』(07)などに詳しい。それに匹敵するほどの酷さなのが、茨城県牛久にある「東日本入国管理センター」。たかだか在留期限切れで不法滞在になっていた外国人を、何年も身柄を拘束し収容している時点で問題だが、そのうえ職員らが収容者に対して医療を受けさせないなどの重大な人権侵害が行われているという。ブラックボックスであるが、2009年以降13人も収容者が亡くなっているという不審な点がある。19年、待遇改善を求めて収監者がハンストを行った。しかし、

いる感じに描かれていた。『ダイ・ハード』に出てくるビルのナカトミ・プラザとか、『ロボコップ』のオムニ社とか。『エイリアン』のウェイランド・ユタニ社もそうだよね。

ホーク　しかし、どうしてわざわざ『エンドゲーム』に日本を出したのかな。ロケができるわけでもなし。日本が映っているからって、普段来ないようなお客さんが来てくれるでもなし。

ヨシキ　それは確かに不思議。日本の興行収入が突出しているわけでもないし。だって前作の『アベンジャーズ／インフィニティ・ウォー』の興収を見ても、日本では中国の10分の1くらいしか売り上げていない。ただ、さっきから言っているように、ハイテクとエキゾチズムが混じり合った日本のイメージは、今もゲームや映画の世界で再生産され続けているし、それが歌舞伎町の現実と相互に影響を及ぼし合っているということもある。ロボットレストランとかね。

そういう日本のイメージは、19世紀末から20世紀初頭にかけて、それから1930年代、1960年代、1980年代と、時代をまたいで西欧で起こったいくつかの「日本ブーム」を経て、非常にディスティングイッシュトな（他から区別された）ものになった。アジアには無数のカルチャーがあって、エキゾチズムの様態もまちまちだけど、日本はその**ガラパゴス性が複数回の「日本ブーム」によってブーストされた**ので、イメージしやすいし、SF的な表現との親和性も高い。

いまだに国は改善に対して前向きな姿勢を見せようとはしていない。

ホーク　ビカビカしたのと、五重塔みたいなのと。

ヨシキ　そういうミステリアスでエキゾチックなところと、ハイテクが同居してる「イメージ」が先行していることの恩恵は大きいんじゃないかな。

ホーク　確かにね。

ヨシキ　でも、「ミステリアス」とか「エキゾチック」もいいけど、**現実の世界だとその「ミステリアスさ」が、単に「不条理」とか「パラドックス」になってる**こともあるよね。

昔話になるけど、以前、コミック（アニメもある）『ブーンドックス』★12作者のアーロン・マッグルーダーさんが来日したことがあって、町山（智浩）さんに頼まれて歌舞伎町を案内したんだ。そのとき、パチンコ屋の大きな看板を見て、彼が聞くわけ。「PACHINKOというのは何だ?」って。「パチンコというのは小型のピンボールマシンみたいなものを縦置きにしたゲームで、とても身近なギャンブルだよ」って説明したら、「ああ、日本はギャンブルがオーケーな国なんだ」と言う。

そこで「いや、そういうわけでもなくて……」と口ごもらざるをえないのは、事実上のギャンブルを成立させるために奇怪なロジックを使っているから。そうしたら、次に彼が風俗の看板に目を留めた。「あれはなんだい?」「セックス産業だね」「日本は売春も合法なのかい?」「いや、違くて……」。これもなかなか説明が難しいぞと。

ホーク　ソープランドで行われていることは、あくまで自由恋愛なんだ、金銭のやり取り

★12　『ブーンドックス』
1996年、アメリカのメリーランド大学新聞で連載が始まったコミックストリップ。人気が高まり、のちに全米300の新聞に連載される。黒人の小学生のヒューイくんが、政治や社会に毒づくといった内容で、ヒップホップなどのポップカルチャーも満載。『ブーンドックス:ブッシュが最も恐れた小学生』（幻冬舎）という書名で日本版コミックも出版されている。この翻訳を担当したのが町山智浩。

をともなうフリーラブなのだ、と説明してもねえ。

ヨシキ　独自の「ミステリアスな」ロジックがいたるところにある（笑）。これだけパチンコ、パチスロがあって、競馬があって、競輪、競艇、オートレースがあって、宝くじがあって、サッカーくじがあって、テンピンならオーケーらしい麻雀★13があって、さらに地下ギャンブルの世界があるというのに、それでも足らずにカジノを誘致しようとしているのも、実に「ミステリアス」だと思う。

ホーク　田舎の国道沿いにも、無数にパチンコ屋がありますもんね。

ヨシキ　ラスベガスとかリノに行くと、レートの低いスロットマシンに一日中張り付いているお年寄りがたくさんいるけど、日本の1円パチンコとか5円パチンコとまったく同じだよ。ギャンブルがここまで日常生活に浸透している国も、珍しいんじゃないかな。

『全裸監督』で描かれた「架空」の歌舞伎町

――『全裸監督』★14では、1980年代の東京が描かれていました。

ヨシキ　頑張っていろいろ再現しようとしていたのはわかるけど、あまり当時の歌舞伎町には見えなかったな。セットで作ったところの雰囲気も、なんか違和感があったし、何より80年代の歌舞伎町には露天が山ほど出てたんだけど、それは全然出てこなかった。1000円のサングラスを売ってるような屋台ね。磯辺焼きの屋台はもうちょっとあとで、

★13　テンピンならオーケーらしい麻雀
検察官の定年延長を求め、検察庁法改正案が国会で議論されていた中、2020年5月20日に「週刊文春」が、東京高等検察庁検事長だった黒川弘樹が、産経新聞、朝日新聞の記者とともに、テンピンでの賭け麻雀に興じていたことを報じた。これを受けて黒川は検事長を辞したが、賭け自体は不起訴処分となった。

★14　『全裸監督』
19年・日／監：武正晴、河合勇人、内田英治／原：本橋信宏／演：山田孝之、満島真之介、森田望智、柄本時生、伊藤沙莉／全8話／Netflixで配信
アダルトビデオ・メーカー「クリスタル映像」で、黎明期のAV業界を席巻した村西とおるの半生を描く連続ドラマ。山田孝之の熱演などが話題を集めた。

90年代になってから出るようになったのかな。80年代の歌舞伎町は怖かったよ。ソープばっかりだし、ぱっと見でそれとわかるヤクザだらけだし。あと、これまた昔話になっちゃうけど、昔の焼肉屋とか、すごく入りづらい雰囲気だったよね。

ホーク　当時は焼肉自体がメジャーじゃなかったですね。

ヨシキ　ラメ入りのガラスの扉とかで、店内が外から見えない感じでさ。外を通るとうまそうな匂いがするんだけど、なんだか入りづらい。でもそれは焼肉屋だけじゃなくて、**街全体に、今は失われてしまった「うさんくささ」が充満していた**ってことじゃないかと思う。『全裸監督』からは、そういう「うさんくささ」が感じられなかった。

ホーク　『全裸監督』は、『ブギーナイツ』★15みたいな作品にはなりませんでしたね。

ヨシキ　うん、そうはなりようがないっていうか。

ホーク　デタラメな時代にデタラメな人が、ひと山当てました。いろいろしっぺ返しを食らって痛い目を見ました。そんな話なら、まあいいのかなとは思うけど、そういうわけじゃないでしょう。結局、**昔は良かったという着地。**「また出たよ」と思って、ありもしないノスタルジーが。

ヨシキ　良かったけどね、昔（笑）。しかし、過去の野蛮な時代の野蛮さを懐かしんで、どうするんだとは思う。

ホーク　ポリコレのない時代は良かったなって、明らかにそういう売り方をしているでしょ

★15　『ブギーナイツ』
97年・米／監・脚：ポール・トーマス・アンダーソン／演：マーク・ウォルバーグ、バート・レイノルズ、ジュリアン・ムーア、ウィリアム・H・メイシー
　ひょんなことから、デカチンだというだけでポルノ業界にスカウトされたエディの成功と破滅を描く、ポルノ青春一代記。エディは劇中で一時、ポルノ男優として寵児になるが、現実にはサイズが男優としての成功に寄与するのかは不明。

う。

ヨシキ　性差別が盛んだった時代への憧憬ねえ。

ホーク　それが言いたいドラマなんでしょう、結局。村西とおるは、「ポリコレだ、なんだと言うのは、ブスのババアなんでございます」みたいなことを21世紀の今でも、まだ言っている。

ヨシキ　「ブスのババア」に対応する言葉がないということからも、非対称性は明らかじゃないの？「ブサイクのジジイ」とか言うことはできるかもしれないけど、「ブスのババア」という言葉に含まれるいわれなき侮蔑は表現できない。

ホーク　何十年前の雑な基準を今の時代にそのまま持ってきて、それが性差別だと苦言を呈されたら、「表現の規制をするんですか！こっちには表現の自由がある」と言い出すでしょう。

ヨシキ　出た、「表現の自由戦士」。表現の自由については長年考えてるよ、こっちだって。『カリギュラ』とか『悪魔のしたたり／ブラッドサッキング・フリークス』とか、あと別に好きというわけでもない『セルビアン・フィルム』★16だってそうだけど、表現の自由との兼ね合いで語らなくてはいけない作品がいっぱいあるから。でも、表現の自由は差別を容認するものではない。それに、表現の自由というのは、権力との関係において確保しておかなくてはいけない非常に重要な領域だということが、どこまで理解されているのか

★16　『セルビアン・フィルム』10年・セルビア／監・脚：スルディアン・スパソイェヴィッチ／脚：アレクサンダル・ラディヴォイェヴィッチ／演：スルディアン・トドロヴィッチ、セルゲイ・トリフュノヴィッチ、エレナ・ガブリロヴィッチ
　引退したAV男優の元に、「超高額のギャラを出すので、どうしてもあなたにAVに出演してもらいたい」という依頼が舞い込む。その作品はどうやら〝芸術的ポルノ〟だというが、行ってみるとんでもない目に。特に、生まれての赤ん坊をレイプする描写が問題となった。

……。

ホーク 表現の自由と『全裸監督』、というか村西とおるとは、実は全然関係がないんですよね。別に誰も、村西とおるにポルノをやめろとは言っていない。そうではなくて、たとえばこの人が誰かしらを搾取《さくしゅ》して、カネを儲けてきたことの是非が問われているわけでしょう。そのことと表現の自由をめぐる事例、たとえば「『愛のコリーダ』裁判」★17みたいなものとは、同列には語れないですよね。

ヨシキ 「『チャタレイ婦人』裁判」、「サド裁判」、いくらでもある。表現の自由は権力に口を塞《ふさ》がれないためのもので、それがこういう裁判では先鋭化された形で出てくる。そうではない、**極めてまっとうな批判に対して、「被害者しぐさ」で振り回すべきものではないよ。**事実上の加害者が「被害者しぐさ」をするということは、最近すごく増えたように思う。

――たとえばKAWASAKIしんゆり映画祭★18でも、「映画を『上映しろ』という圧力には屈しません」とか。

ヨシキ 会場にかかった圧は強かったと聞いているけど、川崎市の市民文化局は、映画祭側に「出演者の一部から訴えられる可能性がある作品を、市が関わってやるのは難しいのではないか」って、そんな「可能性」はどんなドキュメンタリーにだってあるんだから、単なる詭弁《きべん》でしかない。これもまた姿を変えた「被害者しぐさ」で、**可能性の未来におい**

★17 『愛のコリーダ』裁判　大島渚監督『愛のコリーダ』(76)の脚本と映画の場面スチールを収録した同名書籍が、わいせつ文書にあたるとして、警察が出版社と執筆者である大島渚をわいせつ物頒布罪で検挙・起訴した事件。大島らは、そもそも逮捕理由となった刑法175条(わいせつ物頒布等の罪)自体が、日本国憲法21条が保証する表現の自由に抵触すると、全面的に争う姿勢を取る。裁判所は憲法判断を維持しつつも、大島らは無罪となった。わいせつ物頒布罪に対する司法の見解は、いまだ維持されている。

★18 KAWASAKIしんゆり映画祭　2019年の第25回同映画祭で、従軍慰安婦〝問題〟をテーマにしたミキ・デザキ監督作『主戦場』の上映を、主催者が自主的に取りやめた。市民がボランティアで運営する映画祭であるため、嫌がらせ行為などがあった際に対応が困難であること、共催の神奈川県川崎市

て、自分たちが「被害者」たりうること（！）を盾にしているわけだよね。

日本の悪い面を描くと国辱映画？

――話は変わりますが、2017年1月に遠藤周作原作、マーティン・スコセッシ監督の『沈黙―サイレンス―』が公開されました（アメリカ公開は2016年12月）。あれはヒットしたのでしょうか？

ヨシキ　日本ではまぁまぁかな？　世界的にはコケました。評価はそれほど悪くなかったはずだけど、予算が全然回収できていない。予算は4000万ドルとも5000万ドルとも言われているけど、コスチューム・プレイだし、制作も大変だったと思う。

それはともかく『沈黙』に関しては一つだけ言いたいことがあって、それは貧しい漁村に神父がたどり着くところ。「これしかねえですた」って言って、小さい小さい干からびたメザシみたいなのを漁師が出してくれるんだけど、いや目の前が海なんだから、今すぐになんか獲ってくればいいじゃん！　せめて貝とかさ！（笑）。

ホーク　全部、召し上げられちゃうんですよ。

ヨシキ　今すぐ獲ってくればいいんだよ！（笑）。しかし、『沈黙』の漁村の貧乏描写は、徹底していてなかなか良かった。誰の服にも、どの壁にも、全部穴が開いててボロボロなの。三池崇史監督の『一命』で、道に落とした卵を地べたに這《は》いつくばってすする描写が

当局から「上映は難しい」との発言があったことが、上映中止の理由だったという。映画祭側の判断を問題視した是枝裕和は登壇した際に、反省を促す意見を述べ、白石和彌ら映画祭に出品していた監督は、自作の上映を取り下げて抗議を表明。のちに映画祭側は、中止を撤回した。

あったけど、そういう、過去の日本であちこちに見られたはずの果てしない貧乏さがよく出ていた。

ホーク　でも、「あのスコセッシが！」という盛り上がりには欠けましたね。クールジャパンじゃなかったからですかね。

ヨシキ　70年代か80年代だったら大ニュースだったんだろうけど。遠藤周作も生きてたし。

ホーク　今はどちらかというと、**国辱《こくじょく》映画扱い**★19になるんじゃないですかね。「日本人はこんな酷いことしない！」って。

ヨシキ　そういう「どこそこの国の人は、他の国の人に比べてモラルが高い／低い」みたいなのは、典型的な人種差別でしかない。住んでいるところとか、肌の色やしゃべる言葉に関係なく、非道なことをする人はいるし、そうじゃない人もいる。徒党を組んで暴走することだってある。なんでそんな簡単なことがわからないかな……。

ホーク　従軍慰安婦問題に関しても、「日本人はあんなことしない！」と言う人たちがいるでしょう。

ヨシキ　水木しげる先生の漫画は嘘《うそ》だと言うのか！

ホーク　「慰安婦いなかった派」に言わせれば、そうみたいですよ。またこの人たちが、「日本人がそんなことするわけない」と言う一方で、「ベトナム戦争じゃ韓国軍が酷いことをした！」と言い立てるわけですが。

★19　国辱映画扱い
主に保守派によって、望ましくない自国のイメージが拡散されうる映画作品に対して、「国辱映画」という言葉を使ってのバッシングがたびたび行われる。この語が使われるきっかけになったのは、若松孝二監督作『壁の中の秘事』(66)がベルリン映画祭に出品されたときだった。ピンク映画の製作体制で作られた本作には当然濡れ場が多く、そんなポルノまがいな映画が日本の代表として上映されることに、映画人のみならずテレビ・週刊誌といったメディアもしきりに「国辱」という言葉を用いて批判を繰り返した。近年にまったく同じ構図が繰り返されたのが、『万引き家族』(18)のカンヌ映画祭パルムドール受賞だった。貧困家庭のドラマ、登場人物が万引きする、という点だけをもって、「日本の貧困問題を露悪的に海外に喧伝している」といった批判が行われ、実際に「国辱」という言葉もSNSでは使われていた。

ヨシキ　ベトナム戦争で酷いことをしたのは、どう考えてもまずアメリカ軍だろ！

ホーク　そもそも、おおむね誰でも酷いことをする羽目になるのが、戦争でしょう。

ヨシキ　うん、それをどこまで抑え込めるか、ということはいつも問題になってくる。兵隊にフリーハンドで「なんでもやっていいぞ！」と、残虐行為をなすがままにさせることは……あまりない。日本軍も規律の締め付けに躍起になったりもしているでしょう。つまり、逆に考えると**「締め付けを厳しくしなくてはいけないくらい、凶悪な行為が横行してしまった」**ということ。

ホーク　みんなが大人しくしているなら、命令なんか出さなくていいですもんね。

ヨシキ　うん。禁じたいから命令しているわけで。

ホーク　タガの外れ具合が、大日本帝国陸軍は突出していたわけでしょう。

ヨシキ　あと、ソ連軍もたいがいだった。日本軍のヤバみは、『コール・オブ・デューティー：ワールド・アット・ウォー』をプレイしてもよくわかるよね。冒頭、捕虜にされた戦友が、目の前で虐殺されてさ。あと、密林に隠れている日本兵が、突然「天皇陛下万歳！」と絶叫しながらまっすぐこっちに向かって突撃してくる。

ホーク　まさに藪《やぶ》から棒。

ヨシキ　『コール・オブ・デューティー』シリーズは、実際にそこで戦った退役軍人をアドバイザーにつけたりしているので、アメリカ兵の感じたリアルな恐怖をリアルに表現したものになっている。恐ろしかったなあ。ドイツ兵とかは物陰に隠れて撃ってくるんだけど、日本兵は正面から突撃してくるんだもん。命を粗末にしすぎてて怖い。

ホーク　日本版は出てないですよね。また国辱だと言われてしまうからかな。でも、当時あったことの再現ですからね、それは国辱でもなんでもないのではないか。

ヨシキ　自我が風景のレベルまで拡張されてるだけでもすごいのに、過去にさかのぼって大日本帝国まで自分と一体化しちゃってるのかな。それ、どんどん進めていくと最終的にアウストラロピテクスと自己を同一化するくらいになって、逆に平和な考えにいたったりしないかな（笑）。しないか。でもさ、そうやって自我を拡張する流れで、たとえばオノ・ヨーコとかにシンパシーを抱くことはないんだよね？　オノ・ヨーコとかジョージ・タケイ★20の方向に自我を拡張してほしいなあ。

ホーク　またはマコ岩松★21の方向とか。

ヨシキ　あるいは東南アジア全域に向けて広げるとかね。もちろん、大東亜共栄圏ってことじゃなくてですよ。というより、それこそ土地の縛りから離れて、**「アジア人」というアイデンティティを自分の中に確立できたらいいのに。**実際にはその逆で、アジア人に対する蔑視は厳然たる事実としてある。外国人技能実習生が、どう扱われているか見たら……。

ホーク　本音で言えば、奴隷が欲しいんじゃないですかね。

★20　ジョージ・タケイ
1937年、カリフォルニア州生まれ。50年代後半から俳優のキャリアをスタートし、60年『北海の果て』の出演によって注目を集める。66年、自身の代表作となる『宇宙大作戦（スタートレック）』のヒカル・スールー役に抜擢された。太平洋戦争下の42年に、一家で強制収容所での監禁生活を余儀なくされたことから、在米日系人の地位向上のための活動も精力的に行っている。

★21　マコ岩松
1933年生まれ。48年、15歳の時に渡米。大学時代にブロードウェイでアルバイトをしたことから、自身も役者を志す。ジョン・スタージェス監督、フランク・シナトラ主演『戦雲』（59）で俳優デビュー。66年、ロバート・ワイズ監督の『砲艦サンパブロ』でアカデミー助演男優賞にノミネート。『コナン・ザ・グレート』『ロボコップ3』など、ハリウッドの話題作に多数出演。06年に72歳で亡くなる。

ヨシキ　弱者同士が連帯しないのはなぜなのかな、といつも思うんだ。ほとんどの人はみんな弱者なんだから、連帯して立ち向かわないと金持ちや権力者にいいようにされちゃうよ。**これもやっぱり、家父長制の呪い**なのかもしれない。だとしたら、根底には天皇制があるわけだけど、上下の階層構造ばかりが意識の中心にあって、横のつながりや連帯という方向に広がっていかない。それだと、金持ちや権力者の思うままにされてしまう。

ホーク　ホリエモン（堀江貴文）や竹中平蔵やら、安倍晋三にいいようにされると。

ヨシキ　セクシー小泉進次郎★22とか。あの人は何者なんだ！　親が誰かということを別にしたら、何者なんだよ、いったい！

ホーク　ホリエモンというのは、賢《さか》しい小学生みたいな人ですよね。俺たちと歳はそんなに変わらないのに。いたじゃないですか、生意気な小学生。一見、正論みたいなことを言って、いちいち何かまぜっかえしてくる奴。そういう大人を最近よく見ますね。

ヨシキ　うわー、これは耳が痛い話になってきたぞ（笑）。

ホーク　まあ、そういう時期は誰しもあるとしてもですよ。いつぞやもホリエモンが、「稼げなくてつらい、世の中おかしい」と訴える人に対して、「おかしいのはお前だ、稼げないお前の無能さが悪い」って言うみたいなね。**そういう憎まれ口のような物の言い方って、小学校くらいで卒業するもの**じゃないかと思うんですけど……。

ヨシキ　そういう幼稚な、心無い感じが異常な冷酷さを生む。

訃報に触れた当時カリフォルニア州知事のアーノルド・シュワルツェネッガーは、「伝説的名優の死を悼む」とコメントした。

★22　セクシー小泉進次郎
滝川クリステルとの結婚などでマスコミの注目が高まった中、環境大臣となった小泉進次郎が、2019年9月22日の国連気候行動サミットに参加した際、「環境問題もセクシーに解決しなきゃね」と得意の英語で発言したことが話題を呼んだ。以降、たびたび口にするトートロジーめいた小泉進次郎の発言は、一部からネタ的に扱われるように。

ホーク　そうそう、その異常な冷酷さなんですよ。「困っている人を助けるって、そのためのお金はどうするんですか？」とか、「能力がない人間を救済しても、なんの得にもならない」みたいな。そういう言いぐさに対して、「一理ある」とか、「正しいこと言ってる」って捉え方をするでしょう、一定以上の人たちが。またそういうホリエモン的な人が、次から次へとメディアに出てくる。

ヨシキ　うん。そして、そういう血も涙もない、非人間的な物言いへの賛同が、金持ちや権力者の横暴に免罪符を与えているってことだと思う。でも、それは自分の首を絞めているのと同じだよね。強きにへつらい、弱きをブッ叩く風潮には、うんざりだよ！

ホーク　そのへんを歩いているような普通の人たちがですよ。金持った人間にへつらって、「へへーっ」と従う。ＺＯＺＯの（前澤・元）社長に土下座したら、１００万もらえるかもしれないみたいな。そういうことを平気でやる。

ヨシキ　うへえ。そういえば、今は異世界転生モノのフィクションが流行っているって聞くけど、身も蓋もないことを言えば、それはやっぱり現実がつらすぎるからじゃないのかなあ。映画なんかでも、普通に主人公の行く手を塞ぐ悪役が出てくると、それもストレスに感じるという人たちもいて、それもやっぱり現実がつらすぎるからじゃないかと思う。**現実のストレス値がマックスだから、フィクションがもたらすドラマ上の負荷に耐えられない**というか。

ホーク　現実社会で自分よりもつらい人のことは、さらに見たくもないと。

ヨシキ　ああ、そうか、「さらにつらい人たち」に対しては、一回転して自分が「被害者しぐさ」を発動することで、そういうさらなる悲惨を無化できるのかな……？　転倒と屈折が激しいから、なかなか理解するのが難しい。複雑すぎる……。

日本映画からリアリティが欠如してきている？

――日本映画より韓国映画のほうが圧倒的に面白いという評価になったのは、いつからでしょうか。

ヨシキ　韓国は国策として映画産業を振興したのが、うまくいったんでしょうね。そのとき、とにかく海外市場を見すえて、「売れる」作品作りを推し進めたということもある。あと、実際の程度はわからないけど、外から見ている限り、国が映画産業を振興するにあたって、内容や表現に口をあまり出さずに、とにかく環境を整え、経済的な援助をしたのも良かったんじゃないかと思う。バイオレンスはダメとか、歴史に関わるものはダメとか言ってたら、今の韓国映画の興隆はなかったんじゃないですか。

ホーク　韓国のアクション映画なんかを観ていると、北朝鮮のはぐれ工作員が主役みたいな、ダークヒーローモノをやっていたりしますね。ものすごい戦闘力で、バッタバッタ敵をなぎ倒し、という。でも、韓国は北朝鮮と戦争中じゃないですか、まだ。そういう状況をちゃんと娯楽にするでしょう。

ヨシキ　いつまた紛争状態に陥っても不思議じゃない、というリアリティが、良い方向に働いてるのかな。**根っこのところにリアリティがあるというのは強い**と思う。その対極とも言えるのが、リアリティを欠いたゆるふわな「情緒」。ポエム的な情緒がとても危険なのは、それが自己憐憫と結びついたときに、他者に対するとんでもない凶暴性を発揮するから。情緒的な怒り、情緒的な拒否反応……そういうものに対しては、常に警戒している。**イジメや差別と、情緒的な「感動」は、コインの裏表の関係**にある。

ホーク　韓国アクションでは、しばしば北朝鮮が敵役になりますけど、鬼畜のように描いているってこともあまりないですね。

ヨシキ　それがリアリティなんじゃないかと思う。

——むしろ大財閥が悪役として描かれたりしますね。

ホーク　しかし最近、日本のそんな映画ってあります？ 財閥の巨悪を撃つみたいな。『君よ憤怒の河を渉れ』みたいな娯楽映画はないでしょう。

ヨシキ　巨悪と一体感を抱いている人たちは、巨悪を撃つ映画は嫌なんじゃないの？（笑）。いや、それはそれで普通に「消費」できるのかもしれないけど。というか、政府もそうだし、警察でもなんでもいいけど、そういうものに批判的であること自体が、なぜか不遜《ふそん》なことだというような空気感すらある。「お上」は無謬《むびゅう》であり、彼らのやることなすことすべてが「ありがたい」……って江戸時代か！

でもほら、映画の世界だったら、警察というか刑事が主人公の良い作品もいっぱいあるよね。たいていそういう主人公たちは、途中で警察バッジをかなぐり捨ててしまうんだけど、そういうアウトロー的な「はぐれ刑事」はいいものです。

ホーク　バッジをかなぐり捨てて、『ダーティハリー』が終わったと思ったら、バーン！『ダーティハリー2』★23というね。辞めてなかったんかーい！（笑）。

ヨシキ　あるいは狂人ね。『フレンチ・コネクション』もそうだし。『L・A・大捜査線／狼たちの街』★24とか。

ホーク　たまたま職業が……。

ヨシキ　……刑事だっただけで、本質は狂人でしかないという。昔の邦画にも、巨悪に挑むのは普通にあったと思うんだけど……。

ホーク　挑んでいた！『特捜最前線』の最後のほうでも、二谷英明が巨悪に挑んでいましたからね。それが、なんでなくなったんだろう。

ヨシキ　**権力や権威に盾突くことが、なぜか「良くないこと」のように見なされる**ようになってきてるんだよ、やっぱり。でも、盾突いたり反感を持ったりするほうが、当たり前だと思うけどね。勝手に人の金を徴収していく相手を、友達だとは思えないね！道を歩けば職質されるし。そこで逆らったら殺されちゃうんだし。

★23　『ダーティハリー2』73年・米／監：テッド・ポスト／脚：ジョン・ミリアス、マイケル・チミノ／演：クリント・イーストウッド、ハル・ホルブルック、フェルトン・ペリー
　開始数分、前作からの主人公・ハリーは特に説明もなくヌッと検死現場に現れて、普通に仕事をしている様子が映される。このあたりを前作監督のドン・シーゲルも問われ、「シリーズ化を予定してなかったからに決まってんだろ！ラストでハリーは警察を辞めたよ」と語っている。強引に続編へ舵を切ったものの、無理を押した甲斐あり、ハリーの鏡像とも言える行き過ぎた正義を執行する警察官との死闘を描く傑作が出来上がった。

★24　『L・A・大捜査線／狼たちの街』85年・米／監・脚：ウィリアム・フリードキン／脚：ジェラルド・ペティヴィッチ／演：ウィリアム・L・ピーターセン、ウィレム・デフォー、

ホーク　『セルピコ』★25とかを観ているこっちからすれば、権力というのはだいたい腐敗するものだという認識がありますよね。

ヨシキ　「犯罪者を美化した映画はけしからん」とか言う人もいるけど、権力者を美化する作品のほうがマズいに決まってる。

日本のIPは流出している？

――『ポケモン』『AKIRA』『攻殻機動隊』など、日本のIPがハリウッドに持っていかれているという議論もありますが、いかがでしょうか？

ヨシキ　でも、『宇宙戦艦ヤマト（SPACE BATTLESHIP ヤマト）』『デビルマン』をはじめ、『寄生獣』『るろうに剣心』『ガッチャマン』『進撃の巨人』『ジョジョの奇妙な冒険』などなど、海外でも知名度があって人気の作品を、日本でも数え切れないほど映画化してるじゃん。

あと、こういう話をするときの**「ハリウッド」っていうのも雑な表現**で、「ハリウッド映画」というのは、通常はユニバーサル、ワーナー、パラマウント、コロンビアみたいな「ハリウッドメジャー」と呼ばれる会社が作るもののはずなんだけど、そうでないインディペンデントの作品として映画化されても、「ハリウッドで映画化！」とか謳《うた》われることも多い。『ヘルレイザー2』の監督が撮った『北斗の拳』のVHSにも、「伝説のコミック

ジョン・パンコウ
　シークレット・サービスのチャンスは、長年追い続けていた偽札事件の犯人に、定年を間近に控えていた相棒のジミーを殺されてしまう。偽札グループへの復讐のため執念の捜査をするものの、ヤル気がありすぎたのか、はたまた元々の人格からか、強引すぎる手段を講じるチャンス。偽札グループとの取引に金が必要だからと強盗を企てたり、通りすがりの一般人を銃で脅したりする頑張り警官物語。

★25　『セルピコ』
73年・米・伊／監：シドニー・ルメット／脚：ウォルド・ソルト、ノーマン・ウェクスラー／演：アル・パチーノ、ジョン・ランドルフ、ビフ・マクガイア
　パチーノ演じるNY市警麻薬課刑事のセルピコは、地元マフィアのボスから賄賂を持ちかけられるが、当然の職業倫理でもって断る。すると突然、同僚からの風当たりが強くなり、しかも左遷まで

／ハリウッドで完全映画化！」って書いてあったりど。

ホーク　ハリウッド映画の超大作が、資金源の中国に忖度《そんたく》しているって指摘があるじゃないですか。それがどこまで本当かはわかりませんけど、**バブル時代の日本も一瞬、ハリウッドでそれぐらいの力を持ちそうになりましたね。**

ヨシキ　バブル時代の日本では地価が異常なレベルに高騰して、日本の土地を全部売ったらアメリカの本土が買えるとか言われていたよね。買っちゃえば良かったのにな（笑）。ロックフェラーセンターを三菱地所が買ったり、ソニーがコロンビア・ピクチャーズを買ったり、当時は日本の存在感がお金の威光もあって非常に増していたということはある。日本食ブームとか、Ｎｉｎｊａブームとも補完し合っていたのかな、前後関係の詳しいところはちょっとわからないけど。

ホーク　あのころは結局、一つもうまくいってなかったんじゃないかな。なんだかわけもわからず出資してね。『クライシス２０５０』★26とか、ＮＨＫが金を出して。

ヨシキ　『クライシス２０５０』は、ＮＨＫ肝いりのアナログハイビジョンテレビが売り出されていたころか。無残な結果になってしまったけど。でも、日本が出資してうまくいった例もあるよ！　トロマ映画の『カブキマン』★27は、ナムコがお金を出してくれたので作ることができた。その代わり残酷シーンを減らさなくちゃいけなかった、っていうのは、当時現場にいた江戸木純さんからうかがった話。

させられる。真っ当なことをしただけなのに、なぜ。そう、警察が頭からつま先まで、全員汚職にまみれていたのだ。彼は腐敗と闘うこととなる。まさかの実話。

★26　『クライシス2050』
90年・日／監：リチャード・C・サラフィアン／脚：ジョー・ギャノン、テディ・サラフィアン／演：ティム・マシスン、チャールトン・ヘストン、ピーター・ボイル、アナベル・スコフィールド
NHKと学研が70億円を出資し、原案を出して、ハリウッドで製作された。キャスト、監督も豪華だが、そのほかスタッフも『アラビアのロレンス』の音楽を担当したモーリス・ジャール、『ブレードランナー』のデザイナーであるシド・ミードと錚々たる顔ぶれ。だが、悲惨な仕上がりに。監督は本作をキャリアから抹消し、「アラン・スミシー」名義になっている。興行成績はたったの14億円。強制徴収された受信料をドブに捨てただけだった。

逆のケースもある。黒澤明の『影武者』はルーカスとコッポラがプロデューサーについていたし、『乱』はフランスの会社との合作。バブル景気でお金があり余っているのに、なぜそういうことになってしまうんだろうね。

ホーク　なんだろうな、あれだけ景気が良くて、**あちこちでバカみたいな金の使い方をして、今残っているものは何もない。**角川映画が作った『ルビー・カイロ』★28のことを、誰が覚えているのだろうかという。金の使い方が下手でしたね。

ヨシキ　まだまだ日本人が田舎者だったんだよ。バブル景気もあって、海外旅行がかなり一般に浸透した時代ではあるけど、それで急に海外との交渉がうまくいくわけではない。実際、文化摩擦もたくさんあって、それを描いたコメディ映画『ガン・ホー』★29が作られたりした。そういう文化摩擦の感じは『ガン・ホー』だけじゃなくて、『ブラック・レイン』にもある。

結局、『ザ・ヤクザ』★30の時代とあまり変わっていない。こういう映画では、西洋から見た日本独自のあれこれが描かれているわけだけど、彼我の認識の差、あるいは断絶というものが深くて、結局うまくコミュニケーションが取れていなかったんじゃないかとも思う。逆に伊丹十三は、そういう「外部から見た日本のヘンテコさ」を、客観的にカリカチュアライズして描いたので、海外でも受けた。

ホーク　そういう描き方は、今や反日って言われるんじゃないですかねえ。

★27『カブキマン』
90年・日／監・脚：ロイド・カウフマン／脚：アンドリュー・オズボーン、ジェフリー・W・サス／演：リック・ジャナシ、スーザン・ビュン、ビル・ウィーデン
〈スシ投げ、ゲタ攻め、防弾せんすカブキパワーのスーパーヒーロー〉というキャッチコピー通り、ニューヨーク市警の刑事が、歌舞伎役者の力で無敵のカブキマンに変身し、大バトル。企画、キャラクターデザインは、映画評論家の江戸木純。

★28『ルビー・カイロ』
92年・日・米・英／監：グレーム・クリフォード／脚：ロバート・ディロン、マイケル・トーマス／演：アンディ・マクダウェル、リーアム・ニーソン、ヴィゴ・モーテンセン
当時角川書店社長だった角川春樹が、ハリウッド進出第1弾として企画。30億円の製作費に対して、興行成績が5億円。本作の大失敗とコカイン所持での逮捕で、角川春樹は角川書店社長の退任を余儀なくされた。夫が突然の事故死を

ヨシキ　『タンポポ』とか傑作だと思うけどね。ラーメン屋を舞台に西部劇をやっていて、モンド映画的なスケッチも随所に挟み込まれている。フランス料理店のシーンやマナー教室のシーンなんかは、ヤコペッティの影響もあったんじゃないかと思う。『世界女族物語』にそっくりなシーンがあるよ。フランス料理店でまごまごする上司と、それに追随するだけの部下を描いたシーンはすごいよね。

「世界中で公開」という宣伝文句の実態

――いっときは、「海外で評価されている日本人監督」というような評価軸もありましたけど、最近はどうですかね？

ヨシキ　今は是枝裕和監督が代表的なポジションになるのかな。僕はそこまで超面白いと思ったことはないんだけど。それはテイストの話であって。

ホーク　ちゃんとしてるとは思いますけどね。

ヨシキ　すごく「ちゃんとしている」。

ホーク　北村龍平★31は、一時期ハリウッドで大活躍という話がありましたけど。

ヨシキ　『ミッドナイト・ミートトレイン』とか？　あれはちょっと気の毒なところもあって、限定された映画館でちょっとだけ公開して、すぐＤＶＤ化されちゃった。そのことについては、原作者のクライブ・バーカーも怒ってた。実際の映画は、何というか、北村

遂げるものの、遺留品に不審さを感じた妻は単独で調査を始める。すると「世界の飢餓を救う会」という怪しげな組織の存在に突き当たる。

★29　『ガン・ホー』
86年・米／監：ロン・ハワード／脚：ローウェル・ガンツ、ババルー・マンデル／出：マイケル・キートン、ゲディ・ワタナベ、ミミ・ロジャース、山村聰、ジョン・タトゥーロ
自動車工場が閉鎖された田舎町で、住民の雇用を増やすべく日本の自動車会社工場を誘致に立ち上がるハント。彼の熱意で工場が町にできるものの、アメリカ人労働者が日本流のマネジメントに混乱しトラブルが連発する。

★30　『ザ・ヤクザ』
74年・米／監：シドニー・ポラック／脚：ポール・シュレイダー、ロバート・タウン／出：ロバート・ミッチャム、高倉健、ブライアン・キース、ハーブ・エデルマン、岸恵子
米国の海運会社を営むタナーの

龍平の刻印はしっかり押されてはいるんだけど、それよりライオンズゲートの「製品」という感じも強くなっていた。スタジオがどこまでコントロールしようとしたのかわからないけど、いろいろと大変だったはず。

でも、北村龍平は**『ゴジラ FINAL WARS』が珍品カルト作品として、とても人気**がある。僕もアメリカ人の友人に、「あれはスゴイ！　めちゃくちゃすぎてヤバイ！」って薦められて観たんだけど、確かに絶句するような破壊力があった。

ホーク　北村龍平がカッコいいと思ったものなら何の脈絡もなく、無節操に放り込まれていてですね。音楽がキース・エマーソン★32。実は『ゴジラ』とは縁もゆかりもない人ですけど、この人とＳＵＭ41みたいな当時の最新バンドが、特に説明もなく並んでいる。あるいは、今風の格闘アクションをやってみたかと思えば、「東宝チャンピオンまつり」のような牧歌的な展開があったりして、その混沌ぶりに目眩《めまい》がしましたね。

ヨシキ　実写版『宇宙戦艦ヤマト』より、全然面白かったよ。

ホーク　でもまあ、この前の『ゴジラ　キング・オブ・モンスターズ』★33も大差なかったなって。**作り手がどんどんバカになっていってる**感じはある。あるいは北村龍平が、その先鞭《せんべん》をつけたのかもしれない。たぶん『キング・オブ・モンスターズ』の監督は、『ＦＩＮＡＬ ＷＡＲＳ』超好きなんだと思うんですよ。なんだろう、「スキ～（笑）」じゃなくて、「本当に好き！」みたいな。お前マジだったのかという。俺がプロデューサーなら、それを聞

愛娘が、日本滞在中にヤクザ組織・東野組に誘拐された。東野組長とタナーの間で交わされた武器の売買契約を、タナーが無視したためだ。旧友であるタナーから相談を受けたハリー・キルマーは、恩義のあるヤクザ幹部・健に協力を求める。

★31　北村龍平
1969年生まれ。高校を中退し、オーストラリアに渡って映画学校へ通う。帰国後の97年、自主制作映画『DOWN TO HELL』などを製作。01年の『VERSUS－ヴァーサス－』で国内外から高い評価を獲得。その他の代表作に『あずみ』(03)、『ルパン三世』(14)など。

★32　キース・エマーソン
1944年、イギリス生まれ。70年代にプログレ・バンド「エマーソン・レイク・アンド・パーマー」のメンバーとして活動。開発されて間もないシンセサイザーを使い、シンセ奏者の草分け的な存在とな

いた時点でクビにしますよ。お里が知れるわと。

ヨシキ　さっきの「ハリウッドで映画化!」じゃないけどさ、日本が実質上鎖国してんじゃないかって思うのは、そういう**虚偽に限りなく近い物言いが、国内ではまかり通ってしまう**というところにもあると思うんだ。

たとえば、木村拓哉主演の実写版『SPACE BATTLESHIP ヤマト』は、宣伝で「日本人が初めて世界に挑むSFエンターテインメント」って書いてあるんだけど、前に気になって調べたら、香港やシンガポールやタイでそれぞれ1カ月くらい上映されただけで、全部合わせても6000万とか7000万円くらい? 1億円に満たない収益しか上げていない。アメリカでは公開したうちに入っていないのか、IMDbで見ても金額が出てこない。一方、是枝監督の『万引き家族』は、アメリカとカナダだけで3億円以上稼いでいる。

ホーク　昔、Vシネが劇場公開作品ってパッケージに書くためだけに、歌舞伎町の端で公開していたのと一緒ですよ。**既成事実、アリバイ**ですよね。そこは嘘ではない。

ヨシキ　うん、嘘だとは言わない。それに東南アジアでそれだけ当たったのだって、それはそれで健闘したんだと思うんだけど、でも引っかかる。

ホーク　アニメの『ヤマト』が好きな人は、海外にもけっこういるでしょうけどね。ただ、そういう人は、YouTubeに上がっている英語字幕付きのヤツをタダで観ているでしょう、

る。ダリオ・アルジェント監督作『インフェルノ』(80)、シルヴェスター・スタローン主演作『ナイトホークス』(81)などのサントラも担当。

★33　『ゴジラ キング・オブ・モンスターズ』
19年・米／監・脚：マイケル・ドハティ／脚：マックス・ボレンスタイン、ザック・シールズ／演：カイル・チャンドラー、ヴェラ・ファーミガ、ミリー・ボビー・ブラウン、ブラッドリー・ウィットフォード、渡辺謙
ゴジラ、モスラ、キングギドラ、ラドンが地上に現れ、黙示録的大破壊が起きる。クモンガやアンギラスといった往年の東宝怪獣を思わせるモンスターたち、総勢17体が登場した。

大方。中にはブルーレイを買っている人もいるかもしれませんが。

ヨシキ　映画祭でも海外公開でも、そうやって箔付けして売るのは映画として当然だし、どの国でもそうやって宣伝をする。映画祭の月桂冠ロゴを、山ほどポスターに載せることには効果がある。映画祭でうまくやるにはコネも必要。売るためには方便も必要。それはわかるよ。

ハリウッドに対する、アンビバレントな感情もわかる。それは日本人が、アメリカに対して思っているアンビバレントな感情とも通底するものだと思う。見上げてみたり、見下げてみたり、どうしていいのかわからなくなっている。

作品の評価軸が「情緒」になっている？

ホーク　しかし世間の人々は面倒を嫌いますね。他人が起こすのも、自分が起こすのも。

ヨシキ　小さい摩擦や逸脱にすごく厳しいよね。人間生きてりゃ軽犯罪の一つや二つ、知らないうちに犯していることはいくらでもあると思うんだけど、そんなことを言おうものなら連続殺人犯みたいに言われかねない。裁判所も酷いよ、こないだも卵1パック万引きした老人が実刑判決を食らった。あんまりじゃないか。『レ・ミゼラブル』の世界を地でいっている。

ホーク　ジャン・バルジャンの苦境も、今の世間の人たちに言わせれば、自己責任ということになるんですかね。「パンを盗むなんて許せない！」とか。冷たいですね。ヒュー・ジャックマン主演の映画は、日本でも当たったはずなのに。

ヨシキ　『レ・ミゼラブル』に「感動」できる人は、他者の小さな過ちに優しくなるのかと思いきや、そうでもないことがままある。瞬間的な情動反応なんだよ。それはむしろ「消費」。

――先ほどの人格の拡張じゃないですけど、『ドラゴンボール』が実写化★34されたときは、「『ドラゴンボール』をこんなふうに撮りやがって」とすごく酷評されていましたが、そういう反応はなくなっている気がします。どちらかと言うと、**「この監督は愛があるから」というような反応が多くなっている**かなと。

ヨシキ　「愛」があるのと、映画がうまいかどうかは別だと思うんだけど。**情緒がすべてを正当化してしまう。**

ホーク　『ゴジラ キング・オブ・モンスターズ』も酷い出来だったと思いますが、そこは「愛があるからいいんだ」と、温かい心で受け入れられていましたね。ラドンは土下座するわ、芹沢博士は核でゴジラを目覚めさせるわ、あんなデタラメな映画ないんだけど。でも、ファンはおおむね喜んでいる。エメリッヒ版『ゴジラ』★35は総スカンだったというのに。

ヨシキ　僕がエメリッヒの『ゴジラ』をいつも擁護《ようご》しているのが、まるでバカみたいじゃ

★34　『ドラゴンボール』が実写化
DRAGONBALL EVOLUTION／09年・米・香港・メキシコ／監：ジェームズ・ウォン／脚：ベン・ラムジー／演：ジャスティン・チャットウィン、ジェームズ・マースターズ、チョウ・ユンファ、エミー・ロッサム
　孫悟空がいじめられっ子の高校生になっているなど、原作とはかけ離れた設定に。原作者・鳥山明は13年の劇場版アニメ『ドラゴンボールZ 神と神』のパンフレットで、「たぶんダメだろうな、と予想していたら本当にダメだった某国の実写映画と大違いです」とのコメントを寄せている。

★35　エメリッヒ版『ゴジラ』
GODZILLA／98年・米・日／監・脚：ローランド・エメリッヒ／脚：ディーン・デヴリン／演：マシュー・ブロデリック、ジャン・レノ、マリア・ピティロ、ハンク・アザリア
　ゴジラがニューヨークに上陸し

ないか！（笑）。

ホーク　やっぱり愛と情緒でジャッジする。「エメリッヒ版ゴジラには愛がない！」というファンの苦情に対して、プロデューサーのディーン・デブリンがまた、「そもそもゴジラのことはよく知らんので、確かに全然愛はない」と認めてしまって、すべてはそこで終わった。それに対して今回は監督からしてゴジラオタクなので、映画がめちゃくちゃでもファンダムからは許されてしまう。

――それは愛国監督か、反日監督かみたいな話ですね。

ヨシキ　二択！　どれだけ解像度が低い世界観なんだろうか。1ビットしかないじゃん。なぜそこまで、自分が権威じゃないのに権威主義になれるのかまったく理解できない。権威に対する忠誠心を競い合ってどうするんだろう。って思ったけど、これ、ノスタルジーに置き換えると、その現象は世界的なものなのかもしれないね。**ノスタルジーへの忠誠心を競い合い、「愛」の深さを競い合うような風潮**が一般的になりつつある。

ホーク　そういえば、『シン・ゴジラ』のヒーローは政治家と官僚でしたね。あと専門家。一般人が出てこない。

ヨシキ　『シン・ゴジラ』については著書にも書いたけど、あの映画では民衆はエリートの足を引っ張る障害物として描かれている。そもそも民衆がちょこっとしか出てこない。ちびっ子たちはどこへ行ったんだ！（笑）。

て破壊を尽くす、というストーリー自体は「ゴジラ」シリーズのオーソドックスなスタイルだったが、ゴジラのトカゲ然としたデザインに加え、「実弾兵器で殺されるなんて弱すぎる」と、日本の特撮ファンから不評を買った。

ホーク 物語的に行政側の話にならざるをえないというのは、リアリズムとして仕方ないのはわかるけど。小学生が出てきたら、さすがにお話が変なことになるから。

ヨシキ 悪党に誘拐されて、ミニラのことを夢見て頑張るんだよ（笑）。

ホーク それじゃ夢オチにしかなりませんよ（笑）。だから、行政側の物語になるとは思うんですけど、そこで『ダイ・ハード』的に、足を引っ張るバカな奴とか出てこないじゃないですか。そういうある種、都合のいい物語が、「無能な奴が出てこないからいいんだ！」と褒められるというのは、どうかなと思いますよ。

ヨシキ 葛藤《かっとう》を取り去ったら、ドラマが作れないいじゃないか！

第二章　終わらない「80's リバイバル」と「ノスタルジー消費」

ここ数年、Netflixで人気となった『ストレンジャー・シングス 未知の世界』、劇場版リメイク作『IT／イット “それ”が見えたら、終わり。』をはじめ、80'sポップ・カルチャーを引用する作品が多い。確かにあらゆる時代と比べても、ポップ・カルチャーにおいて1980年代は特別な時期だったかもしれない。スピルバーグ／ルーカスの最盛期であり、ホラー映画でも『シャイニング』から『エルム街の悪夢』まで幅広い傑作が作られ、何といってもビデオゲームが普及したことは、文化を決定的に変えた。MTVの誕生も81年だ。

しかし、いくらなんでもリバイバル／リメイク作品が、あまりにも量産されてはいないだろうか。『スター・ウォーズ』のオリジナル・トリロジーが70年代後半から80年代にかけて、『ターミネーター』の1作目が84年公開だが、いまだに続編が制作され、期待され続けている。多感な少年期に80年代を過ごした世代は現在の40〜50代であり、この時代の文化を「必須教養」として扱うことは、現代の若い観客から目を背けているようにすら思える。

果たして、映画はノスタルジーに浸る年配向けのコンテンツになっていくのか。ハリウッドにオリジナル作品を作る意欲が失われつつあるのか。それとも、ただのサイクルとしてのブームにすぎず、こうした懸念は杞憂《きゆう》であるのか。

「若者の洋画離れ」も叫ばれる今、リバイバル／リメイクの問題について語る。

量産される80年代作品の「リバイバル」「続編」

ホーク　『ストレンジャー・シングス 未知の世界』★1が大ヒットだそうで。監督、原案もやっているコンビが双子の兄弟（ザ・ファー・ブラザーズ）で、1984年生まれです。

ヨシキ　あれっ、そうなのか、じゃあ舞台になってる1980年代について、リアルタイムでは全然知らないってことか。

ホーク　そういうことになりますね。

ヨシキ　もちろん、知らないから描くことができないってわけじゃない。そんなこと言い出したら、『2001年宇宙の旅』も『バリー・リンドン』も作れなくなっちゃう。でも、『ストレンジャー・シングス』はそうか、作り手自身のノスタルジーでもないってことなのか。もしくは、「ノスタルジー」というノスタルジーなのかもしれない。それもまあよくある。

　ところで、**「何々年代」っていうのには、「のりしろ」がある**と思うんだ。前後3年ぶんくらいかなあ。そのくらいは、どっちの「年代」に入れても大丈夫な感じっていうか。1980年代の、特に映画を中心とした**ポップ・カルチャーの原点には、やっぱり『JAWS／ジョーズ』がそびえ立っている。**『ジョーズ』が登場したとき、「B級映画の帝王」ロジャー・コーマンは、「こんな映画をメジャーのスタジオに作られたら、我々インディペ

★1　『ストレンジャー・シングス 未知の世界』
16年〜・米／原案：ザ・ダファー・ブラザーズ／演：ウィノナ・ライダー、デヴィッド・ハーバー、フィン・ヴォルフハルト、ミリー・ボビー・ブラウン、ゲイテン・マタラッツォ／Netflixで配信
　80年代のインディアナ州にある田舎町の超自然現象研究所近辺で、不可解な事件が続発。街に住む少年と超能力を持った少女が、謎の怪物との戦いに巻き込まれていく。

ンデントのＢ級映画は商売上がったりだ」とぼやいたそうだけど。

ホーク　確かに。

ヨシキ　『ジョーズ』と『スター・ウォーズ』は、全部がとは言わないけど、それまでどうしても一段下に見られがちだったジャンル、すなわちモンスター映画とスペース・オペラで世界を征服してしまった。50年代から30年かけてじわじわと広がってきたポップ・カルチャーの世界が、さらにメタな次元に突入したような感じはある。そこからさらに30年経って、ポップ・カルチャーはメタにメタを重ねた、非常に自己言及性の高いものへと変質しつつある。

ホーク　**今のアメリカ映画のラインナップが、80年代と変わらない**と言われたりするじゃないですか。当時の作品の続編とか、リメイクばっかりだと。確かに大丈夫かなと思うところはありますけど、ただそれ以上に、80年代リバイバルの正体がわからない気がして。**あのころの諸々のいったい何が、今受けているのか**ということが、実は非常にボンヤリしていませんかと。

おそらく「80年代に大ヒットした、あの～アレです」と言っておけば、企画が通ってお金が出るんでしょうね。だから、いつまでも『ターミネーター』だって続編が作られるわけでしょう。毎度毎度、5年に1回はやっていますよね。それが毎回「新シリーズ、よーい、ドン！」と同時に終了という。ビックリしましたよ、この間の最新作なんか、ありえないコケ方をしていたじゃないですか。2億ドルかけて、公開初週の全米興収が3000万ドルでしたって。思わず「フヘッ!」って声が出ましたから。それでも80年代発のプロパティが、たびたび帰ってくる。ずいぶん以前ですけど、『特攻野郎Aチーム』が満を持して映画化ということもありました。

ヨシキ　戦車がパラシュートで落下しながら、大砲撃つヤツだ！　最高だったな、あの場面は。

ホーク　僕らは喜びますけど（笑）。それはいい80年代リバイバルか。まあしかし、その手の懐かしいリメイク路線って、総じてそんなに当たりもしていない印象がある。にもかかわらず、80年代のあれこれが引きも切らないですよね。

ヨシキ　あっそうか。今思ったけど、「ノスタルジーというノスタルジー」でもないのか。『ストレンジャー・シングス』の作り手とかは、実際に、子ども時代に浴びるようにテレビで80年代のものに触れているわけだから。むしろテレビと密接な関係があるんだな。

ホーク　そこはタランティーノとは違うところでね。

ヨシキ　タランティーノはビデオで『激突！　殺人拳』とかを観ていた（笑）。まあ年齢もずっと上だけどね。

ホーク　若いころに観ていたものが違う。マーティン・スコセッシも、あの人はあの人で過去に対する憧れがありますよね。コッポラもそうか。

ヨシキ　それぞれ、**特定の時代への思い入れが強い**、ってことは誰しもあると思う。ノスタルジーを描いた映画も、対象となる年代はまちまちで。１９７０年代には１９３０年代、40年代をノスタルジックに描いた作品がやたらと作られたりした。その状況を指して、「ノスタルジア・クレイズ」と言われたくらいで。

ホーク　それぞれの時代に対する憧れ。それこそ、コッポラがどえらいセットをブッ建てて撮った映画が大コケしたことがありましたよね。『ワン・フロム・ザ・ハート』。あれは50年代が舞台でしたけど。

ヨシキ　１９１０年代、20年代、30年代前半くらいまでは、当然ノスタルジーの対象になるとして、30年代後半になると、ナチスが出てきてきな臭くなってくるし、40年代だと、戦争映画になっちゃう。

ホーク　コッポラには、20年代が舞台の『コットンクラブ』もありました。作り手側にはいつも過去への憧れがあるんでしょうけど、どうも最近は80年代でスタックしてませんかね。

――最近で言えば、『ジョーカー』も80年代ノスタルジアですかね。

ヨシキ　あれはよくわからない。70年代と80年代が混ざってる感じ？　だいぶ『ジョーカー』とは毛色が違うけど、ティム・バートンの『バットマン』と『バットマン：リターンズ』も、70年代と80年代が混ざり合っていた。映画に出てくる車とか電話とかで判別できるんだけど。先にやってたんだな〜。

ホーク やってるやってる。しかし、『ジョーカー』に関してはね、いろいろと問題が。画面から推測するに、映画の舞台は80年代初頭あたりだと思うんですがね。監督はそれもごまかしていました。「何年かわからないよ」って。

ヨシキ 全部曖昧にしてある。**映画自体の核となる原理が「曖昧さ」**なんだよね。大ヒットしたし、その「戦略」の巧みさはよくわかるけど……。

ホーク 映画が始まると、まず赤字に黒のワーナーロゴが出てくる。これは僕が好きな感じのヤツかなと思わせておいて、実は当時の空気感がそこまで濃く再現されているわけでもないという。

ヨシキ 『ジョーカー』はそういうところも含め、観客それぞれの、時代や状況やキャラクターに対する思い入れを全部受け止めることのできる、間口の広い容器としてうまくいった感じもするな。だから、いろんな人が、てんでばらばらな視点から絶賛することが可能になっている。

スピルバーグが掘り当てた鉱脈「郊外映画」とその影響

ヨシキ 話を戻すけど、『ストレンジャー・シングス』にせよ、『IT／イット〝それ〟が見えたら、終わり』★2にせよ、なんだかんだで『グーニーズ』★3的なもの、もっと言え

★2 『IT／イット〝それ〟が見えたら、終わり』
17年・米／監：アンディ・ムスキエティ／脚：チェイス・パーマー、ゲイリー・ドーベルマン、キャリー・フクナガ／演：ジェイデン・リーバハー、ビル・スカルスガルド、ジェレミー・レイ・テイラー、ソフィア・リリス
　スティーヴン・キングの小説の映像化で、90年に放送されたテレビシリーズの劇場版リメイク。静かな田舎町に突如現れたイットが、少年たちを恐怖に陥れる。ホラー映画としては歴代ナンバー1の大ヒットを記録。19年には続編『IT／イット THE END』が公開された。

★3 『グーニーズ』
85年・米／監：リチャード・ドナー／脚：クリス・コロンバス／演：ショーン・アスティン、ジョシュ・ブローリン、ジェフ・コーエン、コリー・フェルドマン
　田舎町に住む少年仲良しグループ「グーニーズ」は、ひょんなこと

ば『グーニーズ』が体現していると思われている、**「当時の〈スピルバーグ映画〉」感覚を再現**しようとしている。『グーニーズ』も『バック・トゥ・ザ・フューチャー』も、スピルバーグ監督作品じゃないけど、**『E.T.』でスピルバーグが掘り当てた、「郊外映画」という金脈**をめぐって発生した一種のゴールドラッシュの産物。その潮流が、ボンヤリと形作るものとしての〈スピルバーグ映画〉。

「郊外映画」では、『スター・ファイター』が良かったな。郊外といっても、『スター・ファイター』のそれは低所得者層が暮らすトレイラーパークなんだよ。そこで、とあるゲームでハイスコアを叩き出すことに命をかけている少年のところに、宇宙からスカウトが来る。実はそのゲームは、「スター・ファイター」のパイロットを養成するためのマシンだったんだ。そりゃ宇宙に行くよね。最高すぎる。

——たぶん、ビデオゲームが出てきたときに、そういう発想が出たんですね。

ヨシキ　うん。当時のゲームのグラフィックはご存知の通り、とてもシンプルな、ドット絵とも呼べないようなものだったけど、そこで「何が起きているのか」というリアリティを、プレイヤーはみんな強く持っていた。

——ビデオゲームがブームになったのも、80年代にアイコニックな出来事じゃないですか。出てきたのは70年代でも、一般化したのは80年代ですよね。

ヨシキ　インベーダーとかパックマンは70年代だけど、怒《ど》涛《とう》のゲーセン文化が花開いたの

から屋根裏部屋で、伝説の海賊が隠した宝の地図を発見。お宝探しの冒険に出かける。

はやっぱり80年代。

ホーク　スペースインベーダーの発売は、78年ですかね。パックマンねえ。『ガーディアンズ・オブ・ギャラクシー：リミックス』に、満を持してパックマンが出てきたときに、僕はもう、うへえ……と言いましたね。クリス・プラットがカート・ラッセルと戦うところで、必殺技みたいにパクパクと出てきたでしょう。「それは『ピクセル』★4が数年前にやっただろう！」と言いたくなるような場面で、つらかったですね。

どうも、そこでジェームズ・ガンが馬脚を現してしまったというか。毎度タランティーノを引き合いに出すのも何ですけど、あの人には何か引用するにおいても、**「みんな忘れているだろうけど、こういうものがあったんだよ」という目利き感**がありますよね。ジェームズ・ガンにも『ガーディアンズ・オブ・ギャラクシー』1作目の時点では、それがあったと思うんです。それが急にパックマンって！

あとは、あまりにもたびたびデヴィッド・ハッセルホフの名前が出てきたりしますけども、アメリカ人はそんなに『ナイトライダー』★5を観ていたのだろうか。

ヨシキ　「懐かしい〜！」とか言う人たちが、そう言うわりにはボンヤリした印象しか持っていない、ということはよくある。

ホーク　それで「イエス！」とか、たぶんみんな言ってるんですよ。「イエス！」じゃないよ。

★4　『ピクセル』
15年・米／監：クリス・コロンバス／脚：ティム・ハーリヒー、ティモシー・ダウリング／演：アダム・サンドラー、ケヴィン・ジェームズ、ミシェル・モナハン、ピーター・ディンクレイジ
NASAは地球外生命体に向けた友好目的のメッセージとして、1982年のゲーム映像を宇宙へ打ち上げた。が、宇宙人はそれを宣戦布告だと勘違い。2015年の地球に、映像メッセージに映っていたゲームキャラの姿を借りて襲撃。ギャラガ、アルカノイド、パックマン、ドンキーコング……レトロゲーキャラが実体化して大暴れする。

★5　『ナイトライダー』
82〜86年・米／原案・脚：グレン・ラーソン／演：デビッド・ハッセルホフ、エドワード・マルヘア、パトリシア・マクファーソン、ウィリアム・ダニエルズ
私立探偵のマイケル・ナイトが、人工知能を搭載してしゃべる車

ヨシキ　そこは「イエス！」の代わりに、「ファック！」って言わないと。『レディ・プレイヤー1』★6について以前に書いたことだけど、ポップ・カルチャー上のアイコニックな存在に対する感情は、もはや**「懐かしさ」ではなくて、形を変えた聖人信仰**なんだと思う。見知っている、あるいはアイコン化した存在の「似姿」に触れること自体が、「ありがたい／うれしい」という感覚。そういう世界に、我々は生きている。『アベンジャーズ／エンドゲーム』のラストがああなるのも、そう考えると必然的なものだと思える。

ホーク　出せるものは全部画面に出してね。

ヨシキ　三十三間堂とか、バチカンの回廊みたいなもので。

ホーク　無闇にギラギラしたタイの仏教寺院のような。聖人信仰というタームは、僕はもっと簡単に呼んでいてですね。**「これ、今食べてるヤツ！」問題。**お菓子を食べていてね、まさにそのお菓子のコマーシャルが流れると、「これ、今食べているヤツ！」って。「だから何だよ！」という。でも、そこに特別な意味を見出している人もいるわけですね。

ヨシキ　「知ってる！」っていうことが、反射的な快感につながっている。でも、『レディ・プレイヤー1』でも、最近の『スター・ウォーズ』でもそうだけど、地と図が入れ替わる瞬間があるというか、イースター・エッグと本質が入れ替え可能になってきているのではないかとも思う。マーチャンダイジングの激化とも、これは関係があると思うけど、ポップ・カルチャー上で聖性をまとうようになったアイコンが、イースター・エッグで登場し

「ナイト2000」を乗りこなし、さまざまな事件を解決する特撮テレビドラマ。

★6　『レディ・プレイヤー1』18年・米／監：スティーヴン・スピルバーグ／脚：アーネスト・クライン、ザック・ペン／演：タイ・シェリダン、オリヴィア・クック、ベン・メンデルソーン、T・J・ミラー、サイモン・ペグ

2045年、気候変動で地上は崩壊し、残された人々はVRゲーム「オアシス」に現実逃避していた。主人公・パーシヴァルもその一人。彼は、オアシス創始者が残した5000億ドルの遺産を争う、巨大なトーナメントに参加する。『シャイニング』『キングコング』『バットマン』『機動戦士ガンダム』……挙げればキリがないほど、有名作品のキャラクターがアバターとして登場。原作には『インディ・ジョーンズ』『E.T.』も登場したが、「自惚れだと批判されないために」スピルバーグは登場させなかった。ただ、『バック・トゥ・ザ・フュー

たら、それはもうイースター・エッグでなくて、聖杯と見なされてしまうような。
　しかし、考えてみたら、それも『E.T.』でスピルバーグが予見していたわけか。エリオット君がE.T.に家を案内するときに、『スター・ウォーズ』のフィギュアと、サメの形のマジックハンドを見せるんだよね。**ポップ・カルチャーへのメタな言及がすでに始まっている。**ハロウィンの場面でも、ヨーダが登場したりする。スピルバーグはスピルバーグで、その後、世間が求める「スピルバーグ的なもの」とはまたちょっと違う、異常な世界に突入していくわけだけど。『オールウェイズ』とか、『フック』とか。

ホーク　スピルバーグはあの時期、迷走していたんでしょうか。

ヨシキ　迷走はしていない……と思うけど、そういう「スピルバーグ的」とされる殻を、なんとか脱却しようともがいている感じはあった。アカデミー作品賞を一番意識していた時代でもあるし。いろいろチャレンジして、それが思ったほど評価されないというジレンマに苦しんでいたんじゃないかな。

ホーク　でも、そんなスピルバーグが……「コミックヒーロー映画なんて下らん」って、何年か前に言っていたじゃないですか。最近では、スコセッシやコッポラも同じようなことを言っていますけど、「コミック映画もいずれ、西部劇モノみたいに廃れるよ」みたいなことをですね。

ヨシキ　コミックヒーロー映画、スピルバーグが撮ったらどうなるのか観てみたいけどね。

チャー』『グレムリン』など製作総指揮の作品や、『ジュラシック・パーク』といったフランチャイズ化されて半ば手を離れたものは、その限りではない。

ホーク　そもそもコミックヒーロー映画的なビジネス・モデルをたどっていけば、元を作ったのはあんただろうって。

ヨシキ　ビジネス・モデル化したのは、ルーカスじゃない？　コミックヒーロー映画については、ローランド・エメリッヒ監督も「タイツにマントの男が、空を飛ぶような映画」ってくさしてたけど、考えてみたら確かに、エメリッヒの映画にタイツ姿のヒーローは出てこないね（笑）。

ホーク　飛行服を着たウィル・スミスが、宇宙人を殴ってはいましたが。

ヨシキ　みんな、もっと仲良くしてほしいね！（笑）。

――どういうモチベーションがあって、スピルバーグは『レディ・プレイヤー1』を撮ったんでしょうね。

ヨシキ　原作にあった、自分の監督作品への言及はことごとく抜き去ったとも言うけど、一つはVR世界をどうやって映像化できるか、という興味だと思う。それと、深刻になりすぎない、アクションとコメディとスラップスティックの合わさったような映画を作って、バランスを取りたい気持ちもあったんだと思う。

スピルバーグは、重厚な映画と軽快な映画を交互に撮って、バランスを保っている感じがする。あと『レディ・プレイヤー1』は、一種の「未来の荒廃した郊外」と「夢のファンタジーランド」が、VRを通じて直につながっている。『E.T.』が扉を開いた「郊外映画」の、メタな最新形を自分の手で作りたいということもあったのかもしれない。
ホーク　郊外の子どものリアルみたいなことは、確かに『E.T.』まで描かれてこなかった。
ヨシキ　あまりにも**日常に近すぎて、そんなところにドラマが生まれると思っていなかった**人も多かったはずだよ。だって、本当にそのへんの、なんの変哲もない風景だと思われていたわけでしょう。少なくとも郊外に移り住んで暮らしていた中流の白人にとっては。
ホーク　郊外、子どもと宇宙人と言ったら、それ以前は『惑星アドベンチャー／スペース・モンスター襲来！』★7くらいですか。なんとなく、そういうものが頭にあったのかもしれない。それを80年代初頭に蘇らせた。

ファミリー向けを装いつつ、実は大人買い狙い？

――80年代リバイバル的に流行っているものとして、『IT』もありますが、スティーブン・キング原作の映画が始まったのは80年代からですか。

ヨシキ　キング原作の映画の嚆矢《こうし》は『キャリー』★8だから、70年代だけど、次に1980年の『シャイニング』があって、それからどんどん映画化されるようになったから、80年代と結びつくのはわかる。でも、90年代にも同じくらい作られてるし、テレビフィーチャーやミニシリーズは、むしろ90年代に集中してる。

80年代は『スター・ウォーズ』や『インディ・ジョーンズ』に牽引《けんいん》される形で進化した、

★7　『惑星アドベンチャー／スペース・モンスター襲来！』
53年・米／監：ウィリアム・キャメロン・メンジース／脚：リチャード・ブレイク／演：ジミー・ハント、アーサー・フランツ、ヘレナ・カーター
12歳の少年デイヴィッドはある晩、空飛ぶ発光体が着陸するのを目撃する。それからというもの、父親が蒸発するなど不可解な事件が絶えない。不思議に思ったデイヴィッドが天文学者に助けを乞ったところ、火星人の侵略によるものだと告げられる。86年にはトビー・フーパーが、『スペースインベーダー』としてリメイク。

★8　『キャリー』
76年・米／監：ブライアン・デ・パルマ／脚：ローレンス・D・コーエン／演：シシー・スペイセク、パイパー・ローリー
学校ではイジメられ、キリスト教狂信者の親からも虐待され、人生に何一つ良いことがないキャリー。ある日、クラスメイトの男からプロムパーティに一緒に行か

派手な特殊効果にスポットライトが当たった時代でもあった。特殊メイクもその一つで、スプラッター映画をはじめ、人体がトランスフォームする様を見せるようなホラー映画も次々と作られた。『ジョーズ』や『スター・ウォーズ』のもたらした影響は甚大で、その結果、いわゆる「見世物映画」が大金をかけて作られる土壌が整った。日本では70年代から80年代にかけて、「SFブーム」も真っ盛りで、「ビジュアルSFマガジン」を謳った雑誌「スターログ」も売れていた。毎月買って、隅から隅まで読んでたよ。

――それにしても、今の80年代リメイクというのは、どの世代に向けられたものなんですかね。

ヨシキ　80年代に子ども時代を過ごした世代が、その子どもを連れて来ることを期待してるんじゃないのかな。映画会社は常に、子どもから老人までファミリーが全員で観に来る映画を求めているわけだけど、それはまあ一般論にすぎるか。ファッションもそうだけど、流行がだいたい30年で一周するのを反映しているということもあるかもしれない。

ただ、大雑把に言って、70年代的はおおむね表現が「暗かった」のに反して、80年代のイメージはカラフルで「明るい」。セピア色じゃない、**カラフルな「ノスタルジー」が、当事者世代以外にも魅力的に映っている**のかも。

ホーク　80年代リバイバルに関して自戒を込めて言うと、**「子どものときに買えなかったものが、今は買える」問題**がありますね。子どものときは、「ヒーマン」★9のプレイセッ

ないかと誘われる。「まさか、自分が誘われるはずがない。どうせ冷やかしだろう」と聞く耳を持たなかったが、どうやら本気で誘っているらしい。人間不信を乗り越え、パーティーに参加したキャリー。心を開いた甲斐あって、なんとパーティクイーンに選ばれる！と、その瞬間……。

★9　「ヒーマン」
マテル社が81年から製造したマッチョファンタジー・アクション・フィギュアシリーズ。原作も販促アニメもないにもかかわらず、フィギュアにコミックをオマケで付けるという販売スタイルにより、人気を博す。翌82年にはアニメ化、87年にはドルフ・ラングレン主演で『マスターズ／超空の覇者』として実写映画化もされる。

トとか欲しかったじゃないですか。しかし、あのときは決して手に入らなかった。それが今になって、「同じヤツが出ました、5万円です！」と言われたら、「か、買っちゃおうかな！」と思ってしまう。ビデオゲームもそうです。うちにはファミコンがなかったので、大人になって購買力がついてきたら、テンションが上がってゲームでもなんでもどんどん買っちゃう。

ヨシキ　わかる。うちもファミコンはなかったから、成人して実家を出てからスーパーファミコンを買って、それからセガサターン、プレイステーション、ドリームキャスト、XBOX……しまいにはアーケードテーブルまで買ってしまった。ファミコンがなくて、ゲームセンターに行くしかなかったことの裏返し。でも途中から、アーケード機の性能をコンシューマー機が上回って、家庭とゲーセンは逆転した。購買力のある大人向けのオモチャといえば、自分で買ってはないけど「超合金魂」★10なんかも完全にそういう商品だよね。「子どものときに手に入らなかったもの」の進化形を「今！　どうですか!?」っていう。

ホーク　2万8000円とかするヤツ。

ヨシキ　高いなあ。でも、きっと良く出来ているんだろうなあ、手に取りたくはなるよね(笑)。しかし、流行が30年周期だとすると、**そろそろ90年代リバイバルが来るはず**なんだけど。

★10　「超合金魂」
バンダイが販売するダイキャスト製アクションフィギュア。特撮ロボや『ゲッターロボ』『マジンガーZ』など、完全に大人向けのラインナップ。値段も2万円、3万円はざらで、一番高額な商品である『宇宙海賊キャプテンハーロック』のアルカディア号は、税込42900円。

ホーク　時代は80年代のまま止まっているのです。

“ダサい”80年代カルチャーは漂白されている?

――相変わらず、やたらと80年代のポップスが流れる映画も多いですね。

ヨシキ　**映画館が懐メロ大会**になってるね、最近は。昔よく通販で売っていた「80年代懐かしのヒット・ソングCDセット」みたいなものと、ブロックバスター映画のサウンドトラックが限りなく接近している。

ホーク　あと、やたらと使われるデヴィッド・ボウイ。

ヨシキ　デヴィッド・ボウイ、当時そんなに流行ってたかなあ。いや、人気がなかったとは言わないけど、たとえばホール&オーツとかのほうが広く親しまれてたんじゃないの?

ホーク　確かに、誰もがボウイを聴いてたわけじゃないでしょうね。確かになぜ、ホール&オーツはもっと映画でかからないんだ。ダサいからかな(笑)。

ヨシキ　ガーン!

ホーク　あと、『ゴーストバスターズ』をまたリメイクしますよ、と。なんでしょうね。2016年の女性版『ゴーストバスターズ』★11はすごく良かったのに、あれはなかったことにして、「オリジナルの正統な続編」としてまた作り直すわけでしょう。

ヨシキ　脚本を書いたハロルド・ライミスは、亡くなっちゃっているけど。

★11　『ゴーストバスターズ』16年・米／監・脚：ポール・フェイグ／脚：ケイティ・ディポルド／演：クリステン・ウィグ、メリッサ・マッカーシー、ケイト・マッキノン、レスリー・ジョーンズ、クリス・ヘムズワース
ニューヨークを舞台にオバケ退治をする、オーソドックスなリブートだが、主演を男4人組から女4人組に変更。このキャスティングに対して反ポリコレ的オルト・ライトたちが、「フェミニズムに媚びたクソ映画」と徹底的にネガティブ・キャンペーンを張り、主演陣の中の黒人であるレスリー・ジョーンズに対しては、人種差別的攻撃も行われた。この炎上のせいかはわからないが、リブートシリーズは打ち切りとなり、オリジナルシリーズの続編『ゴーストバスターズ／アフターライフ』が2021年に公開予定。

ホーク　最初と最後だけ、ちょっとCGで出てくるみたいな。女の人たちを主役に新しいものを作るんじゃなく、「お馴染みのアレの続きです！　こっちが本家です！」というほうが、よほど志が低い気がするけどな。

ヨシキ　**社会全体が、「ピーター・パン症候群」に浮かされている**感じがある。大人と子どもの境目がなくなって。

ホーク　あと、そうやって80年代リメイクをやり続けるわけですけど、**あの時代の本当にダサいところは漂白されている**気がして。リバイバルするのは当時のSF超大作みたいなものばかりで、『フラッシュダンス』★12なんかは無視されているでしょう。いくらなんでもダサすぎると思われているんですかね。

ヨシキ　『フラッシュダンス』といえば、スペイン映画『人生スイッチ』で、急に「フラッシュダンス／愛のテーマ」が流れるところがあって。意表を突かれて気がついたら涙がこぼれてた（笑）。パブロフの犬か！「80年代懐かしのサントラCDセット」にやられて、どうする（笑）。『人生スイッチ』自体は面白い映画なんだけど、「フラッシュダンス／愛のテーマ」に感動したことのインパクトが強すぎた。

ホーク　ジョルジオ・モロダー★13も忘れられていますね。80年代リバイバル、やりたければどんどんやったらいいとは思うんだけど、でも、いつも4個くらいじゃないですか、ネタが。「80年代良かったねえ」と言って持ち出してくるのが、パックマンとか、オレン

★12　『フラッシュダンス』83年・米／監：エイドリアン・ライン／脚：トム・ヘドリー、ジョー・エスターハス／演：ジェニファー・ビールス、マイケル・ヌーリー、シンシア・ローズ　昼は鉄工場で働き、夜はキャバレーで踊りながら、プロダンサーを目指すアレックス。バレーなどの専門教育を受けてきたライバル相手に、ストリート育ちのアレックスは、雑草魂のこもったブレイクダンスで挑む。

★13　ジョルジオ・モロダー　1940年、イタリア生まれ。ドナ・サマー、ブロンディなどのプロデュースで、シンセサイザーサウンドのディスコソングの名曲を数々送り出す。『ミッドナイト・エクスプレス』『スカーフェイス』『フラッシュダンス』『ネバーエンディング・ストーリー』『トップガン』など、映画のサントラも多数手がける。

ジ色のダウンジャケットとか。

ヨシキ　でも、ノスタルジー的な表現なんて、そんなものじゃないのかな。20年代が対象だとして、それはやっぱりフラッパーの時代で、禁酒法で、ギャングがトミーガンを撃ち合って、スピークイージーで乱痴気パーティー、みたいな感じになるわけだしさ。

ホーク　残りの大多数の人は、綿花とか摘んでいたからね。

ヨシキ　そっち系は、時代はずれるけど『怒りの葡萄』とか、『天国の門』みたいな作品があるわけだけど、**今の80年代ブームはカラフルで明るい記憶が中心で、負の記憶を描くものはあまり見当たらないね。**細かく見ていけば、あるとは思うけど。

ホーク　嫌なものには蓋をするということかと。80年代ノスタルジアからは、冷戦時代の記憶もほとんど抜け落ちている気がします。戦後すぐから、ずっと冷戦中だったわけでしょう。僕は73年生まれで、80年代頭から中ごろくらいまでは、日々全面核戦争の恐怖に怯えていましたよ。

ヨシキ　僕は69年生まれだから、ホークとあまり違わないけど、70年代は公害の恐怖も身近だった。光化学スモッグ警報もよく鳴っていたし。レイチェル・カーソン『沈黙の春』に、『ノストラダムスの大予言』……。

ホーク　そこから続く終末感というか、どこかで必ず人類は滅びるという恐怖ですよね。しょうもない娯楽映画にも、そういう空気が漂っていたと思うんです。たとえば、ジョン・

バダムの『ウォー・ゲーム』★14とか。流行りの80年代リバイバルの中で、ああいう空気感はめったに取り上げられないでしょう。

ヨシキ　『ザ・デイ・アフター』とか、『スレッズ』の恐怖も、「今は昔」みたいになってしまった。**ノスタルジーの対象にならずにスポイルされている「80年代的なもの」というのは、たくさんある**と思う。SFXやホラーは取り上げられるけど、剣と魔法ジャンルが無視されていたり。『コナン・ザ・グレート』『ミラクルマスター』……他にも『未来から来たハンター／ヨオ』とか『ハンドラ』とか、たくさんあった。ルチオ・フルチも『SFコンクエスト／魔界の制圧』を撮ったし、『食人族』のルジェロ・デオダートは『グレート・バーバリアン』。古代世界で筋肉男がデカい剣を振り回す映画は、全然リバイバルしてないぞ！

ホーク　確かにニンジャも、剣と魔法も、メインストリームからは完全に消えていますね。あとはたとえば、「チャック・ノリス・ファクト」★15がネタ的に流行りもしたけど、それで笑っていた人たちがチャック・ノリスの80年代当時の映画を観るかといえば、まあそう熱心には観ないでしょうね。

ヨシキ　ネタの消費ね。それはもう、ノスタルジーでもなんでもなくなっている。

ホーク　80年代筋肉映画というのも、あくまでネタ的にときどき思い出されるに過ぎないんじゃないかな。シュワルツェネッガーの『ゴリラ』とかは、これから先も忘れ去られた

★14　『ウォー・ゲーム』
83年・米／監：ジョン・バダム／脚：ウォルター・F・パークス、ローレンス・ラスカー／演：マシュー・ブロデリック、ダブニー・コールマン、ジョン・ウッド
　コンピュータで面白そうなゲームはないかと物色する高校生のデイヴィッドは、「世界全面核戦争」というソソられる名のプログラムを発見。戦争シミュレーションゲームかと思ってプレイするデイヴィッドだったが、実はアメリカ国防省の内部ネットワークに接続された本物。ペンタゴンはソ連からの攻撃を受けていると認識し、核ミサイル攻撃の準備を始める。

★15　「チャック・ノリス・ファクト」
「チャック・ノリスは、腕立て伏せをするとき、自分の身体を押し上げるのではない。世界を押し下げるのだ」「チャック・ノリスは時計をしない。彼が今、何時何分かを決めるのだ」などなど、アクション俳優、チャック・ノリスが映画

ままでしょう。それで言うと今でも続いている『ランボー』は、あれは不思議なシリーズですね。第1作は82年だから、まだ70年代の残り香がある。

ヨシキ テッド・コッチェフ監督の作った渋い映画だよね、『ランボー』。色味も全体にグレーがかった緑で、しっとりしている。いわゆる「80年代アクション映画」のテイストとは真逆。『ランボー』は『2』以降のイメージが強いし、1作目は日本公開時の檜垣(紀六)さんが手がけたポスターのインパクトが抜群だったせいもあるけど、最初の『ランボー』本編はめっちゃ70年代風味だよ。

ホーク ねぇ。お話も何も。

「エアロビ映画」を思い出せ!

ヨシキ あと、リバイバルしないといえば、**エアロビ映画**。

ホーク エアロビ映画、忘れられていますね。ブレイクダンス映画も。

ヨシキ ダンス動画はYouTubeの独壇場になってしまった。エアロビ映画は、それこそ当時のものしかないかな?

ホーク 確かに、今さらエアロビを映画にしてもなあ。というか、若い人はわからないですよね、エアロビ。エアロビクス、80年代のダンス・フィットネスですね。

ヨシキ エアロビが出てくる映画も今から考えたら、その多くはソフトコア的な需要に応

で見せる無敵感を誇張した気の利いたジョーク。2005、6年ごろからチャットで流行し始めた。

えるものだったわけで。『バック・トゥ・ザ・フューチャー』にも、一瞬エアロビ教室が映る場面があるけど、あれは伝統的な「運転手や通行人がお色気に気を取られる」シーンの再現だよね。ど真ん中のパロディではないけど、『女はそれを我慢できない』（56年）でジェーン・マンスフィールドが道を行く場面に構造としては近い。

ホーク　この間、酷い映画のことを思い出して。ジョン・トラボルタが出ていたエアロビのヤツ。

ヨシキ　ジェイミー・リー・カーティス主演の『パーフェクト』。あれはエアロビ映画の最高峰じゃない？　国内じゃDVDが出てないから、VHSを大事にとってあるよ。

ホーク　トラボルタが「ローリング・ストーン」かなんかの記者で。エアロビのスポーツクラブがセックスの温床になっているらしいから、潜入取材をしようと。それでインストラクターのジェイミー・リー・カーティスといい仲になるという。

ヨシキ　ジェイミー・リー・カーティスは常に、自分のダイナマイト・ボディの威力を完全にわかったうえで、見せ方をコントロールしている女優だよね。『パーフェクト』では、観客もトラボルタと一緒になって、ジェイミー・リー・カーティスの躍動する肢体から目が離せなくなる。

ホーク　まあ『パーフェクト』は基本的にはしょうもない話でしたけど。潜入していたのがバレて、ジェイミー・リー・カーティスと喧嘩になるけど、最後は仲直りするという。

ヨシキ　「1回寝たくらいで彼氏面しないでちょうだい」っていう、当時の「飛んでる女」のクリシェがここにも見られる。
　80年代にあって、**今は絶滅したジャンルといえば、お色気コメディ**もそう。当時の青春ものお色気コメディは、ダメな若者たちがみんなで女子のシャワー室を覗きに行ったり、更衣室に忍び込んだりするのが定番だったけど、女の人にしてみたらとんでもない話でしかない。『グローイング・アップ』★16シリーズとか、『ポーキーズ』★17とかね。『ポリス・アカデミー』★18シリーズにも、そういう場面があった。また、そういう映画のシャワー室の女の子たちは、現実には絶対にない「見せる」ことを目的とした体の洗い方をする。

ホーク　というあれこれが気になって、『ポリ・アカ』とかは、今となっては観るのがキツい感じがあります。

ヨシキ　僕は「そういう時代のもの」と割り切って観ることにしてる。だから、同じように絶滅した他のジャンルの映画、女囚映画やナチスプロイテーションを観るときと同じ感じ。

ホーク　「おことわり」というのがあるじゃないですか。映画で描かれていることには制作当時の文化的背景があり、現在の基準では云々、という。そういう但し書きは必要だなと思いますね。

ヨシキ　たとえば、かつてのスラッシャー映画では、**裸と殺しはワンセットになっている**

★16　『グローイング・アップ』
78年・イスラエル・米／監・脚：ボアズ・デヴィッドソン／脚：エリー・テイバー／演：イフタク・カツール、ジョナサン・シーガル、ツァッチ・ノイ、アナト・アツモン
　1950年代イスラエルを舞台に、男子高校生3人が女を求めてナンパをしまくる青春コメディ。『アメリカン・グラフティ』に影響され制作されたので、アメリカのオールディーズカルチャーが色濃い。その後、シリーズとして『8』まで作られた。

★17　『ポーキーズ』
82年・カナダ・米／監・脚：ボブ・クラーク／演：ダン・モナハン、マーク・ヘリアー、ワイアット・ナイト
　セックスしたくて仕方がないバカ高校生6人組の青春コメディ。シャワー室にのぞきに行ったり、逆に自ら全裸を見せつけたりといったギャグのオンパレードで、冷静に観れば性犯罪としか言いようがない描写が多い。

ことが多かった。これはヒッチコック『サイコ』★19からの伝統だけど。

ホーク　あれは、一番無防備なところを殺すということですよね。体は裸だったり、セックスしていい気分になっていたり、という。

ヨシキ　うん。だから殺人シーンの裸には、もともと恐怖をブーストするための仕掛け、という必然性があったともいえる。シャワー室で殺されるのも女の人とは限らなくて、『13日の金曜日／完結篇』はじめ、男がシャワー室で殺されることもよくあった。とはいえ、おじさん観客に向けた「サービス」として、女性の裸が濫用されていたことは言うまでもない。

ホーク　そう考えると、リドリー・スコットは凄かったですね。『エイリアン：コヴェナント』で。21世紀になって作った、未来が舞台の映画で……。

ヨシキ　あれは驚いた！　シャワーを浴びながらセックスしてたら、殺されちゃうんだよ。宇宙の果てで、地球のキャンプ場と同じことが起きている！

――80年代でいくと、ジョン・ヒューズ★20的な学園物というのもありました。

ヨシキ　正直、当時から苦手……。

――『ブレックファスト・クラブ』とか、ブラット・パック★21が流行ってはいたんですよね。

ホーク　今でも、ジョン・ヒューズをリスペクトしている人は多いですね。

★18　『ポリス・アカデミー』
84年・米／監・脚：ヒュー・ウィルソン／脚：ニール・イズラエル、パット・プロフト／演：スティーヴ・グッテンバーグ、ババ・スミス、ジョージ・ゲインズ
警察官採用基準をすべて撤廃した結果、警察官の適正皆無のトンデモ人材ばかりがやって来た。警察学校の中で、彼らが次々と大問題を引き起こすスラップスティック・コメディ。キム・キャトラルがお色気要員になっている。

★19　『サイコ』
60年・米／監：アルフレッド・ヒッチコック／脚：ジョセフ・ステファノ／出：アンソニー・パーキンス、ジャネット・リー、ヴェラ・マイルズ、ジョン・ギャヴィン
顧客の金を銀行まで運ぶように命じられたマリオンは、欲に目がくらんで金を持ち逃げし、恋人のいる街に逃亡しようとする。その道すがら、彼女はモーテルに立ち寄ると……。「シャワーを浴びているところに……」という、ホラー

ヨシキ　高校時代、放課後に視聴覚室を使う許可をとりつけた同級生がいて。レンタルビデオを活用して、毎週「映画を観る会」をやろうって話を持ちかけられたことがあった。「第1回は何がいいと思う？　僕は『ブレックファスト・クラブ』がいいと思うんだけど」って言われて、「ええっ、『死霊のけらわた』だろう、そこは」と答えたら、その後、相談されることはなくなった（笑）。本当に『ブレックファスト・クラブ』観る会が催されたのかどうかも知らない……。

ホーク　男子校ですよね？　みんなで『ブレックファスト・クラブ』を観てもなぁ。

ヨシキ　本当だよ、意味がわかんないよ。『死霊のはらわた』一択だよ（笑）。

トム・クルーズ、若作りしすぎ問題

――リバイバルに通ずることとして、トム・クルーズとか、ベテランの歳になった人気スターの元気が良すぎるんじゃないかという気もします。

ホーク　**トム・クルーズが異常**なんですよ。あのころ一緒に出てきた人たちは、今やみんなおじさん役だし、大多数は鳴かず飛ばずだし。

ヨシキ　ユニバーサルが仕掛けて失敗した、古典ホラーのリブート・フランチャイズこと「ダーク・ユニバース」の1作目『ザ・マミー／呪われた砂漠の王女』に、トム・クルーズがラッセル・クロウと対決するシーンがあってさ。ラッセル・クロウはジキル博士／ハ

描写における金字塔的なシーンがある。

★20　ジョン・ヒューズ
1950年、ミシガン州生まれ。『ブレックファスト・クラブ』(85)、『フェリスはある朝突然に』(86)など、青春学園モノ映画で高い評価を得る。近年でも右の2作品は、『スパイダーマン：ホームカミング』『ジュマンジ／ウェルカム・トゥ・ジャングル』『ピッチパーフェクト』など、多数の学園映画でオマージュが捧げられている。91年の『カーリー・スー』以降監督作はないが、『ホーム・アローン』『101』などに脚本と製作で参加していた。09年8月、59歳で没。

★21　ブラット・パック
『アウトサイダー』(83)やジョン・ヒューズ監督作に出演していた俳優を中心に、80年代のハリウッド青春映画で人気スターとなった若手役者たちの総称。日本ではYAスターなどと呼ばれた。しっかりした定義もなく、雑な括りではあ

イド氏で、彼が「うははは、貴様のようなこわっぱには負けんわ」とか言ってるんだけど、ラッセル・クロウはトム・クルーズより年下だから、次元が歪んだ感じがした。トム・クルーズは**典型的な「うまく老けるのに失敗した」タイプ**だと思う。ジョニー・デップは、年齢不詳の怪人ばっかりだけど（笑）。

ホーク 確かに。ある時期から毎度毎度コスプレして出てきて。

ヨシキ コスプレじゃないいんだって！（笑）。

ホーク 慰謝料を払うために、怪人の役を一所懸命やるという。

ヨシキ 寿命が延びたり、今の俳優がかつてのスターほど自己破壊的でなくなったりと、そういう事情もある。「中年」が何歳を指すのか、もうわからない時代に突入したよね。

ホーク またはいろいろあって、続けるしかないという人たち。シュワルツェネッガーとか、スタローンとか。

ヨシキ スタローンとかシュワルツェネッガーは、少なくとも若作りはしていないけどね。

――昔の映画を観ると、役者の貫禄がすごいですよね。今の50～60代のスターの貫禄とは違う気がします。

ヨシキ 昔の人の老ける速さには驚かされる。太陽の紫外線の量が激変したのかと思うくらい。

ホーク 『仁義なき戦い』とかを今観ていると、年齢的に俺が近いのは金子信雄という

るため、今となっては死語に近い。

……。他の人たちなんか、ほとんどみんな歳下ですよ。本当に人生を考えますよ、俺は何をしてきたんだろうって。

ヨシキ　トム・クルーズみたいな人も、これから増えていくのかな。トム・クルーズが結婚していたことのあるニコール　キッドマンも、いろいろ改造している。自己イメージは人それぞれだし、それに合わせてどう改造するのも本人の勝手だから、**整形でもボトックスでもやりたい人はどんどんやればいい**とは思う。髪を染めたり、メガネをコンタクトにしたりするのと本質的には変わらないわけだから。

そこは他人がブーブー言っても始まらないけど、顔が急に変わったら、観ているほうがビックリするのも仕方のないことではある。それで言うと、『アクアマン』のニコール・キッドマンは、顔が変わっていたのに加えて、CG加工もされていたから、一瞬誰かわからなくて混乱した。

ホーク　ボトックスをガンガン打つ人は、どうも似通った顔になっていきますよね。

ヨシキ　筋肉が動かなくなるからかな、表情のバリエーションが減るというか。

ホーク　『ル・ポールのドラァッグ・レース』なんか観ていても、唇と頬骨の主張がすごく強くなっている人が、ワンシーズンに一人くらい出てきますね。唇と顔がパンパンになっている。カレン・ブラック★22的な顔の方が。

ヨシキ　どんどんやったらいいと思うよ。自分の顔は自分のものだからな！　あと、カレン・

★22　カレン・ブラック
39年・イリノイ州生まれ。ニューヨークの小劇場で女優としてのキャリアをスタート。『イージー・ライダー』(69)で注目を集める。『ファイブ・イージー・ピーセス』(70)、『華麗なるギャッツビー』(74)の2作品でゴールデングローブ賞助演女優賞を受賞。トビー・フーパーやロブ・ゾンビらのホラー映画で強烈な印象を残し、カルト的人気を博す女優となった。

ブラックは素顔！

——80年代のブラット・パックで、一番のスターって誰でしたかね。

ホーク マット・ディロン？ マット・ディロンはブラット・パックの前か。あとラルフ・マッチオ、C・トーマス・ハウエル。YAスターと呼ばれていた人たち。

ヨシキ C・トーマス・ハウエルのフィルモグラフィは面白い。『E.T.』『アウトサイダー』『ミスター・タンク』『若き勇者たち』『ヒッチャー』『ミスター・ソウルマン』……。ブラット・パック総出演といえば、コッポラの『アウトサイダー』で、C・トーマス・ハウエルはじめ、マット・ディロン、パトリック・スウェイジ、エミリオ・エステベス、トム・クルーズ、ロブ・ロウ、それにラルフ・マッチオ。

僕は当時人気があった俳優というと、真っ先にミッキー・ロークが思い浮かぶけど、あの人は「ブラット・パック」より年齢が一回り上。だから、『ナインハーフ』とか『イヤー・オブ・ザ・ドラゴン』とか、大人の役をやっている。

ホーク そうね。青春映画ではない。『エンゼル・ハート』とかね。

ヨシキ そのころの俳優で、いつも名前忘れちゃう人がいるな。名前に「ザ」とか「ガ」がつく感じの……。

ホーク ザ・ザ・ガボール？

ヨシキ 時代が違いすぎる（笑）。あ、ジャド・ネルソンだ。

ホーク　ジャド・ネルソンは、今も地道にやっているんですよね。ショーン・ペン、ケビン・ベーコンも現役ですね。あと、ジョン・キューザック。ジェームズ・スペイダー。そう考えると確かに、けっこうみんなちゃんと老けていますね。

ヨシキ　ますますトム・クルーズの異常性が際立ってくるな。

ホーク　みんな、年相応になっていきますからね、ハゲたりして。浮き沈みをそれなりに経験して、**それぞれの人生が顔に出る。トム・クルーズだけは一切出てこない。**

――観客側のことで言うと、当時は「SCREEN」とか「ロードショー」★23が売れていて、いわゆるシネフィル的な映画ファンとは違う、ミーハー映画ファンがいましたよね。そこの層が厚かったように思います。

ホーク　ミーハー映画ファン。日本でフィービー・ケイツが異常に人気みたいな。「SCREEN」とか「ロードショー」で、俳優の人気投票が毎月あったでしょう。女優はフィービー・ケイツと、ブルック・シールズと、ソフィー・マルソーとが3強だったという。で、僕はソフィー・マルソー派。ヨシキさんはブルック・シールズ派でしょう。

ヨシキ　うん、その三択だったら、断然ブルック・シールズ派。でも、ブルック・シールズが出てるから映画を観に行く、ということはないわけで。

★23　「SCREEN」とか「ロードショー」
1945年に創刊された「SCREEN」（近代映画社）は、『キネマ旬報』などの文章がメインの評論誌との差別化のために、60年代からカラー・大判化へとリニューアルし、映画スターのグラビアをメインコンテンツにしたことで人気を博した。集英社は同誌の人気に目をつけて、72年にグラビア中心という同様な誌面構成の「ロードショー」を創刊し、人気を二分する。映画作品よりも、役者の人気に積極的にあやかる編集方針。しかし、日本でのハリウッド俳優人気の退潮もあってか、「ロードショー」は2008年11月に09年1月号を最後に休刊となった。

歴史修正主義としての『バック・トゥ・ザ・フューチャー』

――90年代リバイバルがあるとしたら、何が来ますかね。

ヨシキ　ぜひスパイス・ガールズに復活してもらいたい！　って、最近（2018年）も再結成ツアーをやっていたけど。

――80年代映画はシリーズが一度断絶し、最近になってリブートされるものが多いですけど、90年代のシリーズはそのまま今に続いているものが多い気がします。『ミッション・インポッシブル』も、『ジュラシック・パーク』も、途切れなく続いていますし。

ヨシキ　印象として90年代は、後半になってから超面白い作品がダダダッと連続して出てきた感じがある。前半から中盤にかけては、「80年代的なもの」から脱却して、どういう方向に行くのか、模索していた感じというか。

ホーク　ガジェットで言えば、**今もあるものが最初に出てきたところ**ですね、90年代って。Windows95とか。今と地続きなぶんだけ、まだノスタルジーの対象にはならないのかもしれないですね。

ヨシキ　一般に90年代を象徴する映画というと、何になるんだろう。『タイタニック』とか、『ジュラシック・パーク』？『パルプ・フィクション』という人も多そうだけど。『フォレスト・ガンプ』や『プリティ・ウーマン』、『ゴースト／ニューヨークの幻』や『トイ・ストーリー』なんかも、90年代の映画。

僕の印象に残っているのは、『ウェインズ・ワールド』とか『スターシップ・トゥルーパーズ』とか『プライベート・ライアン』とか『マーズ・アタック!』なんかだけど。『スターシップ・トゥルーパーズ』といえば、ヴァーホーヴェンは『氷の微笑』も『トータル・リコール』も『ショーガール』も90年代。スピルバーグは『シンドラーのリスト』がそうか。90年代はクローネンバーグもあるね。『裸のランチ』『エム・バタフライ』『クラッシュ』『イグジステンズ』。『美女と野獣』『アラジン』『ライオン・キング』と、ディズニーがグイグイ盛り返した時代でもあった。それに『ホーム・アローン』も90年代だね。

ホーク　あれは90年公開ですね。

ヨシキ　それとホラーが一段落して、モンスターとかゴアとかよりも、異常心理モノが受けるようになってきた感じはあるかもしれないね。『羊たちの沈黙』を皮切りに、「サイコ・サスペンス」映画が流行って。マイケル・ベイが頭角を現したのも90年代。

ホーク　80年代について一つ忘れていましたけど、**『バック・トゥ・ザ・フューチャー』が必要以上に評価されていないか?**と思うことがあって。なんだかどうも、大傑作としてずっと祭り上げられている感じがあるというか。あの映画は考えれば考えるほど、問題があるなあと。**80年代から50年代にさかのぼって、歴史修正をする話**でしょう。その30年間に起こった、あれやこれやを全部なかったことにして。

ヨシキ　ポップ・カルチャーの30年周期が、そのまま反映されている。50年代のリバイバルとしての80年代。そして80年代から50年代へ戻った主人公が、過去を改変してしまう。

ホーク　非常に気持ちが悪いなと。

ヨシキ　お父さん役を演じたクリスピン・グローヴァーに、『バック・トゥ・ザ・フューチャー』について聞いたことがあって。マイケル・J・フォックスの役は、もともとエリック・ストルツが演じる予定で撮影も始まっていたのは有名な話だけど、エリック・ストルツもクリスピン・グローヴァーも脚本に納得がいかず、ロバート・ゼメキス監督のところに直談判に行ったんだって。過去が変わって、家が金持ちになって、欲しかった車が手に入るのが、「ハッピー・エンド」なのか、それでいいのかって。**それは拝金主義でしかない**と。

そうしたらゼメキスが、「あのな小僧、俺もそういうふうに考えていた時期があった。いい映画を作ることこそが大事だと。しかし、その結果はどうだ。10年間くらい仕事がなくなっただけだった。だから俺は、金のためになんでもやるんだ。わかったか」って(笑)。あのエンディングを受け入れられるかどうか、ということについて、ちゃんと現場でそういう話し合いがあったことに感動したけど、僕はやっぱり受け入れがたい。

ホーク　ビジネス上で成功することだけが幸せだと。

ヨシキ　それもそうだし、貧乏だったとしても、お母さんとお父さんはちゃんと結婚してさ、何人も子どもをもうけて、そこにはそれなりの幸せとか浮き沈みとか、つまり人生があったはずなんだ。それが**全部なかったことにされて、「ハッピー・エンド」**というのがどうしても腑《ふ》に落ちない。自分が知っていた人々が、似たような、しかし明らかに別人の成功者としてそこにいるわけで、普通だったら主人公は発狂すると思う。本当の家族がタイムラインの溝に葬られてしまったみたいで、いつ観てもぎょっとしちゃう。『バック・トゥ・ザ・フューチャー』はすごく良く出来ているし面白い映画だけど、ちょっと立ち止まって考えると不気味なんだ、いろいろと。あっ、不気味といえば、ロバート・ゼメキスは「不気味の谷」感が全開のCGアニメーション映画も作っていたね。

ホーク　『ポーラー・エクスプレス』。トム・ハンクスがオールCGで出てくる、機関車の映画。死ぬほど金をかけて、日本でも正月超大作で公開されたものの、まるで売れずに正月を越せなかったという。

ヨシキ　続けて『ベオウルフ／呪われし勇者』も作っている。こっちには怪物グレンデルの役で、クリスピン・グローヴァーも参加している。ゼメキスと和解できたのかな。最近のゼメキスはよくわからない。『フライト』はすごくいいと思ったけど。

というか、昔からよくわからないな、ゼメキス（笑）。だって、『フォレスト・ガンプ／一期一会』の前に撮ってるのが、『永遠に美しく…』だよ。『永遠に美しく…』は異常な世界観で面白かったけど、『フォレスト・ガンプ』は「古き良き」ノーマン・ロックウェル★24的な世界を押し出して大ヒット。

★24　ノーマン・ロックウェル
1894年、ニューヨーク州生まれ。ほのぼのとしたアメリカの少年少女のイラストで人気の画家。1916年から50年近くにわたって、「Saturday Evening Post」誌の表紙を執筆。スティーヴン・スピルバーグとジョージ・ルーカスは熱烈なファンで、ともに絵画を収集していたことから、2010年にはスミソニアン美術館で二人のコレクションが展示された。

ホーク　しかし、なんでしょうね。古き良き50年代の……たとえば何かプロム・パーティー的なものへの憧れって本当にあるんでしょうかね。**プロムと言われても、僕には『キャリー』の印象しかない**なぁ。ロクなことがない、粉砕すべきイベントとしか。

ヨシキ　全員焼き殺してね。『プロムナイト』という映画もあった。ジェイミー・リー・カーティスの正気とは思えないディスコ・ダンスがすごいんだ。

ホーク　中学高校で誰からも相手にされない、楽しいことなんて一つもない、もう全員ぶっ殺しちゃいたいって、『高校大パニック』★25みたいな物語は、アメリカでも日本でも、もう作りにくいんでしょうかね。アメリカでは実際に、学校で乱射事件が起き続けているわけだし。日本だと、学校で何もいいことがなかった人たちのファンタジーが、どうも高校の生徒会に入って、「しょうがないわね」って委員長がおっぱいを触らせてくれるような方向に向かうんでしょう? 乏しい知識でいい加減なことを言っていますが。それにしても**楽しい学園生活、という幻想がいつまでも大切にされている**のではないかなと。

ヨシキ　いい歳をした大人が、いつまでも学園生活の思い出とか幻想に囚われているのは、まったく理解できない。大人になってからのほうが、楽しいことがたくさんあるに決まってるのになあ。それとも、あれも一種の「異世界転生モノ」みたいな感じで、極限まで自分に都合のいい状態で過去を上書きしたいという願望なんだろうか。なんで、「青春」とか「学園」に、パラノイアックに執着するんだろうか。

★25『高校大パニック』
78年・日／監:石井聰亙、澤田幸弘／脚:神波史男／演:山本茂、内田稔、浅野温子
受験競争のストレスで発狂した高校生が、鉄砲店からライフルを強奪する。銃を持って学校に乱入し、ストレスの源である教師を射殺して、鎮圧しようとする警察との銃撃戦に発展。「数学できんが、なんで悪いとや!」というセリフは、あまりにも有名。

そういう感じで過去を書き換え、現実を書き換えた先にあるのが、『バック・トゥ・ザ・フューチャー2』のビフ帝国なんじゃないの？　ていうか、過去を改変して、自分が金持ちになった都合のいい未来を創造するって意味では、1作目のエンディングとビフ帝国は本質的に同じじゃないか？

ホーク　自分が金持ちになるのは良くて、人が金持ちになるのは許せない。

ヨシキ　『バック・トゥ・ザ・フューチャー2』は好きなんだよな。先生が武装して、家に立てこもったりしているところも好き。荒廃しきった世界に、トランプ・タワーがそびえ立っててさ。**非常に資本主義的なディストピアが提示されている**、という意味で、1作目の批評にもなっている。って言い過ぎか（笑）。

ホーク　『バック・トゥ・ザ・フューチャー2』の未来編のところは、まあ嫌な話じゃないですか。だけど、あそこに出てくるナイキの未来シューズが実際に売り出されたら、みんな並んで買うわけ。そんなに素敵なものかね、ありゃって。

ヨシキ　それも資本主義的ディストピアの一つの現れなんじゃないか（笑）。

興行収入ランキングで振り返る80年代映画

――80年代の日本のヒット映画を振り返ると、アニメばかりですね。

ヨシキ　そうだっけ？

ホーク　『ガンダム』が当たってね。

ヨシキ　あっ、そうか。

ホーク　あと、角川映画。あるいはアイドル映画。

――その80年代アイドルへのノスタルジーは、雑誌とかでもすごく根強く人気がありま す。「週刊ポスト」や「週刊現代」に、その当時のグラビアが載っていたりして。

ヨシキ　「青春」へのパラノイアックな執着が、そんなところにも。

――当時アイドルに憧れた世代が、今の編集長クラスになっているんでしょうかね。

ヨシキ　当時、アイドルに興味なかったからなあ。特殊メイクの技術とかには興味あった けど。アイドル雑誌も買ったことがない。『月刊PLAYBOY』は買ってたけど……。

ホーク　**アニメとアイドル。今と変わらないな。**そりゃ大藪春彦原作の映画★26は作られ なくなるだろうという。

――81年の日本の興収を見ると、1位『連合艦隊』、2位『ドラえもん』、3位『典子は、 今』、4位『男はつらいよ』。これは邦画部門ですね。洋画を入れると1位は『エレファン ト・マン』。

ホーク　俺はいまだに船の汽笛の音が怖いんですよ。ボーッて聞かされると、嫌な気持ち になる。当時は夕方5時とかに『エレファント・マン』のコマーシャルが流れて、子ども からするとえらい怖いんですよ。ボーッと汽笛が鳴ると、必死でチャンネルを変えていた。

★26　大藪春彦原作の映画
1935年、日本統治下のソウル生まれ。『野獣死すべし』『蘇える金狼』『汚れた英雄』など、暴力、セックス、反権力の和製ハードボイルド小説の第一人者。松田優作主演作を中心に、映像化作品も多数。

ヨシキ　しかし、82年も日本はだいがいだよ。1位『ミラクル・ワールド ブッシュマン』★27、2位『セーラー服と機関銃』、3位『キャノンボール』、4位『ハイティーン・ブギ』、5位『ロッキー3』、6位『少林寺』、7位『大日本帝国』、8位でやっと『レイダース』だよ。9位『ガンダム』、10位『ドラえもん』。1位が『ブッシュマン』！

ホーク　それはどこかでタダみたいな値段で買ってきたものを、めちゃくちゃ当てていたわけでしょう。

ヨシキ　うん、商いとしてはすごいよね。しかし、同じ年の北米興収ランキングもすごいよ。5位に『ポーキーズ』とか入ってるもん。年間ボックスオフィスの5位に『ポーキーズ』が入ってるなんて、にわかに信じられない。1位『E.T.』、2位『トッツィー』、3位『愛と青春の旅立ち』、4位『ロッキー3』、で『ポーキーズ』だからね。

ホーク　いきなりガクッと来る。

ヨシキ　ある意味、夢のある時代だったのかもしれない（笑）。

ホーク　こういうのを見ると、やれ80年代リバイバルだと言っても、**もてはやされているのは、その本当にごく一部**だとわかりますね。

ヨシキ　『バック・トゥ・ザ・フューチャー』の年（85年）はどうだったのかな。えーと、1位『子猫物語』、2位『バック・トゥ・ザ・フューチャー』、3位『ロッキー4』、4位『グーニーズ』、5位『コブラ』、6位『野蛮人のように』と『ビーバップハイスクール』の同時

★27　『ミラクル・ワールド ブッシュマン』
80年・南アフリカ／監・脚：ジャミー・ユイス／演：ニカウ、マリウス・ウェイヤーズ、サンドラ・プリンスロー
　文明皆無な南アフリカの部族の村に、飛行機からコカ・コーラのビンが落ちてくる。見たこともないガラスビンを彼らは神による贈り物だと理解するが、あまりにも珍しく利便性が高かったため、部族ではビンをめぐって争いが絶えなくなった。そこでビンを神のもとに返すため、ブッシュマンのカイは旅に出る。現在は『コイサンマン』に改題されている。

上映。7位『コーラスライン』、8位『植村直己物語』、9位『キネマの天地』。で、10位が『ドラえもん』と『プロゴルファー猿』。なるほど……。

ホーク　80年代は、だいたいロクなものではなかったという思いを新たにしますね（笑）。

ヨシキ　80年代リバイバルで、『ブッシュマン』の話が出た試しがないな。ニカウさん、日本にまで来たんだけどな。あと下半身のない「スケボーに乗った天使」ケニー君★28の写真集が、ベストセラーになったりもした。ケニー君は映画にもなった。

ホーク　そうだそうだ。そういう側面を、みんな忘れているんじゃないか。思い出してほしい。

ヨシキ　「感動」と「見世物」の合わせ技は、その後もどんどん進化して、今もなお続いている。あっそうか、当たり前のことを言うようだけど、**ノスタルジーは耽溺《たんでき》するものだから、批評性とは水と油**なんだな。思い出語りがどんどん美化されていくサイクルに、批評的な視線は邪魔でしかないという。

ホーク　そっちのほうが問題でしょうね。「結局『バック・トゥ・ザ・フューチャー』が一番面白い」と言うオヤジのいかに多いことか。

ヨシキ　同じ80年代でも、『ミシシッピー・バーニング』や『サルバドル／遥かなる日々』は、全然話題に上らないね！（笑）。我々は頑張って、これからも忍者とエアロビを推していきましょう。

★28　ケニー君
ケニー・イースタディ。1973年、ペンシルバニア州生まれ。生後6カ月で両足を根本から切断。車椅子が嫌いだった彼は、両手でスケボーを操って日常生活を送る。84年に「LIFE」誌に彼の写真が掲載されると、大反響を呼ぶ。11歳までの人生を綴った『スケボーに乗った天使』は50万部のベストセラーとなり、87年には映画化もされたが、実人生とはあまり関係なく、なぜかケニー君がヒッチハイクで旅に出る物語だった。

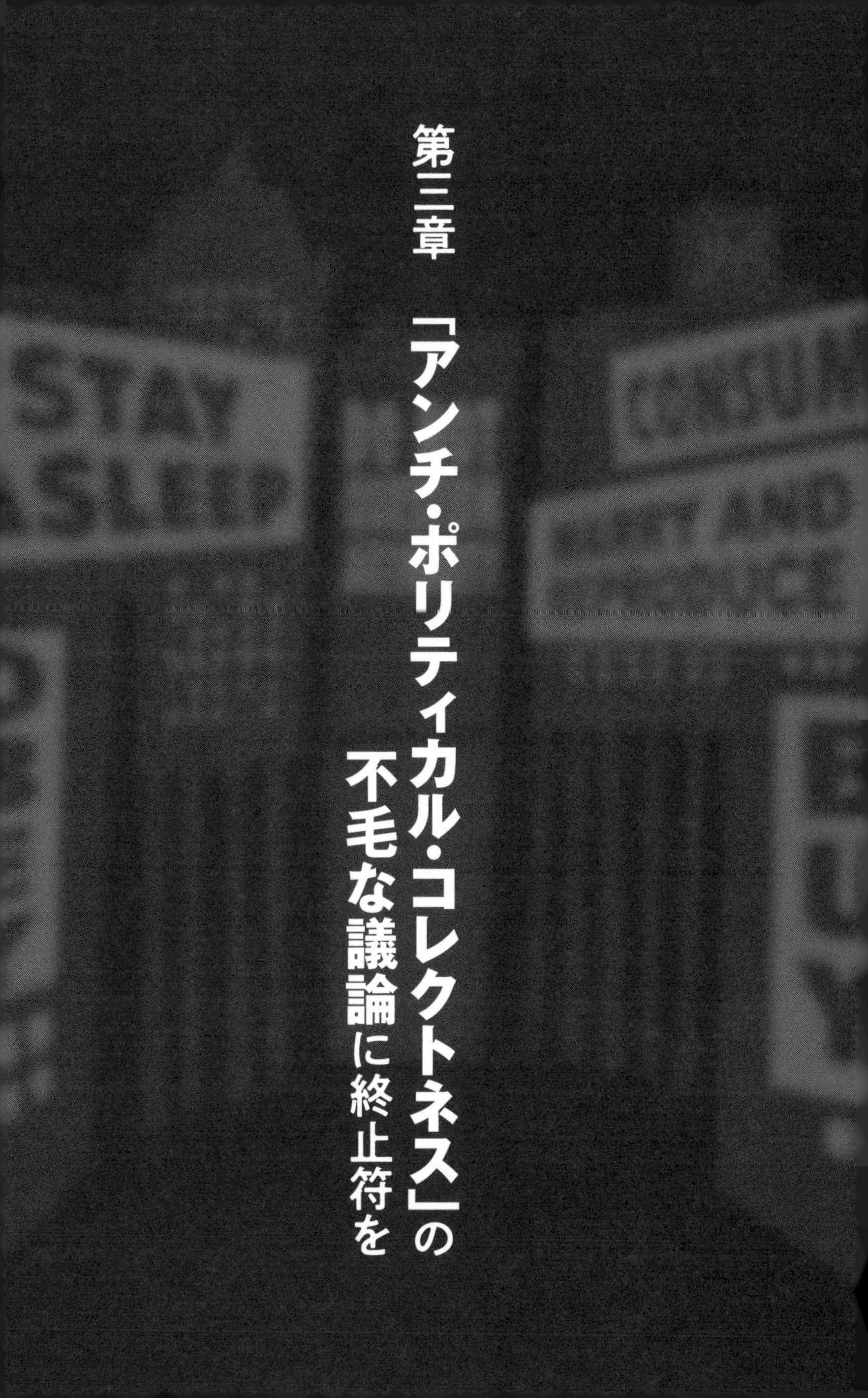

第三章　「アンチ・ポリティカル・コレクトネス」の不毛な議論に終止符を

２０１７年10月、大物プロデューサーとして知られたハーヴェイ・ワインスタインによるセクシャル・ハラスメントの実態が、「The New York Times」誌によって暴かれた。実名を出しての女優たちの告発は、ハリウッドの俳優を中心に賛同を集め、世界的に「＃MeToo」運動が盛り上がった。また、第91回（２０１９年）アカデミー作品賞を『ブラック・クランズマン』ではなく、『グリーンブック』が受賞したことで物議を醸したように、マイノリティー差別の問題は、賞レースにおいても、その政治性、コマーシャル性も絡みながら批判の的となっている。

こうした流れから日本でも、「ポリティカル・コレクトネス」の議論が再燃し、作品や表現に潜む偏見意識、著名人の配慮のない発言が取り沙汰されるにいたった。一方で、こうした風潮に対し、「表現の自由を狭める」という反対意見も聞かれるようになり、〈「コンプライアンス」に塗りつぶされるこの時代。〉〈人間のありのままを見せることは罪でしょうか。〉などと謳ったNetflix制作の『全裸監督』が、人気を集めた。

では、「ポリコレ」とも称されて語られるＰＣとは、本当に映画にとって「表現の自由」を狭めるものなのか。作中における、女性やＬＧＢＴＱ、人種への配慮は必要ないのか。

とかく不毛な議論、安直な解決策に陥りがちなＰＣについて、改めて考える。

「ポリコレ」警察VS「アンチ・ポリコレ」派の実情

ヨシキ　1日に使えるお金、100万円くらい欲しいなあ。税抜きで。1000万円だと、なおさらいいなあ。

ホーク　前に俺がそういうことを言っていたら、「君はそんなこと言ってるから、金が手に入らないんだよ」って言われましたよ。

ヨシキ　なんだそりゃ、偉そうに。誰だい、それは。

ホーク　それ、ヨシキさんに言われたんですよ。

ヨシキ　ええっ、マジで？（笑）。

ホーク　飲み屋で「どうしたら金持ちになれるんすかね〜、1日5億くらいもらえねぇかな〜」とかクダを巻いてたら、「そういうボンヤリしたこと言っていたら、絶対金持ちになれないよ。持ってる奴らは、もっと具体的な金儲けの方法を常に考えているんだよ」って。俺はそう言われて、返す言葉もなかったですね。

ヨシキ　変なことを言って悪かった。撤回してお詫びします。正直、1日5億くらい欲しいからね。

ホーク　当時は俺が、あまりにもずっとそんなことを言っていたので、説教したくなる気持ちもわかります。まあ今も常に、1日5億欲しいと思っていますが。

――さて、今回はポリティカル・コレクトネスについてです。2019年のアカデミー賞で、作品賞を『グリーンブック』★1が受賞して、『ブラック・クランズマン』が受賞しなかったことに関して、いろいろと意見を言う人もいましたが、どう思いましたか。

ヨシキ 『グリーンブック』はいい映画だと思うけど、アカデミー協会会員の多数を占めているであろう、**いい歳した白人エスタブリッシュメント層にとって、「都合のいい映画」である**との誹《そし》りは免れないと思う。制作意図のいかんに関わらず、そう機能してしまう映画というのはあって、ケン・ローチの映画なんかにもそういう側面がある。

社会的な問題提起をする作品で、しかも良く出来ていると、そういうふうに機能してしまうというのは、一種のパラドックスだよね。授賞式のあとの豪勢なパーティーで、金持ちの白人がカクテルグラスを傾けながら、「まったく酷い世の中ですわね、ホホホ」とか言って、「消費」しているかと思うとイライラする一方で、そういうところに映画を通じて一応はメッセージが届いていることを過小評価するべきでもない。難しい。

ただ、そういう場面が持つグロテスクさについては、常に意識しておきたい。モヤモヤするけど、これは永遠に解決されることのないジレンマなんでしょう。ただ、どんな階層のどんな観客であれ、**作品を「消費」してしまうことの危険性**は言っておきたい。ホークとはよく話すけど、俺たちが好きな映画を同じように「大好き」って言っている人が、とんでもない差別主義者だったりするのが日常茶飯事だと。弱者の立場に立った映画を観て、

★1 『グリーンブック』18年・米／監・脚：ピータ・ファレリー／脚：ニック・ヴァレロンガ、ブライアン・カリー／演：ヴィゴ・モーテンセン、マハーシャラ・アリ、リンダ・カーデリーニ

黒人による公共施設利用を法的にも禁止していた、差別的隔離政策ジム・クロウ法があった1962年。黒人ジャズ・ピアニストのドン・シャーリーは、粗暴な白人トニーをドライバーとして雇い、ライブツアーでアメリカ全土を回る。タイトルは、アフリカ系アメリカ人旅行者のためのガイドブック『黒人ドライバーのためのグリーン・ブック』に由来。黒人差別問題に斬り込んだ作品と好意的な批評が多い一方で、スパイク・リー監督や『ブラックパンサー』主演のチャドウィック・ボーズマンなどは、差別に困る黒人を「白人の救世主」が手助けする、古典的なステレオタイプを脱しない作品だと痛烈に批判。また、本作がアカデミー作品賞を受賞したときに壇上に上がった面々が、白人男性ばかりだっ

「感動」という名前の「消費」をして、それでおしまい。何も受け取らずに、消費の快楽だけをむさぼっている。

ホーク 『ブラック・クランズマン』はオスカーを取れなくて、『グリーンブック』が取ったってことに対しては、確かにモヤモヤしますね。そこまで危険でもなくて、そこまで波風も立てないものが、世間に対して何か物申したということで評価される。しかし、社会派としては非常に穏当な部類の『グリーンブック』が賞を取りました、ということに対してさえ、「ああ、またアカデミー賞がポリコレに配慮したんですね」というすごく嫌な言い方があるでしょう。

ヨシキ 「ポリコレ」みたいなのは、日本独自のニュースピーク★2だよね。『1984年』的な。「セクハラ」でも「フェミ」でもいいけど **省略することで、その言葉が本来持っていた意味を剥ぎ取って、薄っぺらいものに見せてしまう。**「セクハラ」という言葉からは、立場のある人間が、無力な相手を単に性的なだけの存在に貶《おとし》めたうえで、執拗《しつよう》に性的な嫌がらせを繰り返している……というようなイメージが持ちにくい。

あと、その「ポリコレ云々」難癖をつけてくる手合いは、決まって「今はなんでもポリコレで、ものが自由に言えなくなった。息苦しい」とか言うけど、これってつまり**「のびのびと差別できた時代は良かったなあ」**ってことでしょ。南北戦争の南軍の末裔《まつえい》か！

ホーク そうなんですよ。だけど、作り手側とか、商売としてやっている側にも、問題が

たことも槍玉に上がった。

★2 ニュースピーク
ジョージ・オーウェルが小説『1984年』の中で描いた言語法。一党独裁国家オセアニアにおいて、党のイデオロギーに反対することは禁止されていたが、取り締まりきれない思想犯罪の根本的解決として、党のイデオロギーに反する言葉自体を消し去るために開発されたという設定。たとえば、政治的自由・表現の自由は国家として禁止されているため、それらの意味での用法は抹消された。しかし、「シラミからfreeである（シラミがいない）」といった用例は、言葉の利便性から残されている。

あるんじゃないかと思って。『スター・ウォーズ／最後のジェダイ』に、ローズって人が出てきたでしょう。あの人は、キャラクターとしての魅力も全然なければ、お話上いてもいなくても全然構わないという問題のある人物で。そんなポッと出のキャラクターがずいぶん出張ってきた、というので、世界中の『スター・ウォーズ』ファンを自認する連中から、袋叩きにあったと。

それが、演じた女優本人まで攻撃されてですね。そういう物言いの背景には、女性差別やアジア系差別があるんでしょう。それに対しては、「差別すんじゃねえよ！」と思います。ただ、差別はいけないということを、作り手側もまた、己のヘッポコさ加減を覆い隠すためにいいように使っているんじゃないかというですね。

ヨシキ　それは微妙な問題。どちらの側にも、作品内のキャラクターや物語上の要請を、自説を強化するために利用したり、あるいは同じ理由で攻撃したりする人がいる。一方で、まさにそういうところに作品自体の問題が潜んでいることもある。1か100かでは分けられない。「これは650円です」って言ったら、「1000円なのか、0円なのかハッキリしろ！」と言われるのに近いよ。**ケース・バイ・ケースだし、何より作品が面白いかどうかという視点が欠落している**のが困る。

ホーク　確かに、ローズ役の女優本人には何の罪もないですからね。彼女個人が『スター・ウォーズ』のファンから攻撃を受けるのは、どう考えてもおかしい。ましてやファンでもない、ただ差別したいだけの輩《やから》から何かを言われるいわれは、一切ないですよね。

ヨシキ　彼女はまったくの被害者だよ。何も悪くない。

ホーク　単純に作り手がヘッポコだったというだけの話ですからね。

ヨシキ　僕はホワイト・プリヴィレッジの恩恵を一番受けているのは、ライアン・ジョンソンとかだと思うけどね。ライアン・ジョンソン個人を攻撃したいわけじゃないけど、才能ある有色人種の監督が、ハリウッドでライアン・ジョンソン級のチャンスにありつける可能性は恐ろしく低い。

あと『スター・ウォーズ』でいえば、キャスリーン・ケネディ★3の問題もある。彼女がどれほどルーカスを裏切り、ビジョンを打ち立てることに失敗し、フランチャイズにダメージを与えたか、ということで1冊の本が書けるくらいだけど、「それはキャスリーン・ケネディが成功した女だから批判するんでしょう」と言われたら、困っちゃう。一方で、キャスリーン・ケネディを批判することが、業界内における女性の評判全体に波及するなどということは、絶対にあってはならないことだし。

ホーク　キャスリーン・ケネディと同じか、それ以上に無能でどうしようもないオッサンも山ほどいますからね。それでも、**「これだから男は」とは言われない**ですね。

ヨシキ　「これだから男は」って、もっと言ったほうがいいよ。「これだからジジイは」って。そうやって相対化しないと、どれだけおかしな物言いが日常的にまかり通っているの

★3　キャスリーン・ケネディ
1953年、カリフォルニア州生まれ。テレビ局勤務の後、『ダーティハリー』や『地獄の黙示録』の脚本家として知られるジョン・ミリアスのアシスタントとなる。79年に『1941』のスタッフとしてスティーヴン・スピルバーグの助手になると、以降『インディ・ジョーンズ／魔宮の伝説』や『バック・トゥ・ザ・フューチャー』など、スピルバーグ監督作品や製作総指揮で参加する作品で、プロデューサーを務めた。2012年にジョージ・ルーカスがディズニーに「ルーカス・フィルムズ」を売却後、ルーカス本人から新社長に指名された。

か、実感できない。

PCの起源は「言い換え」運動から

ホーク でも、「ポリコレ、ポリコレ」ってみんなが言い出したのは、ここ2、3年くらいでしょう。最初は「なんのこっちゃ?」って思っていたんですけど、「ああ、PCのことか」と。ポリティカル・コレクトネス、略してPCについて盛んに話されるようになったのは、90年代初頭からでしょう。

ヨシキ そのくらいから「政治的正しさ(ポリティカル・コレクトネス)」という言葉のついた本が出たりするようになった。

ホーク そのときは僕は、「ハハハッ」と言ってたんですよね、PCという概念に対して。

ヨシキ うん。**もともとは言葉を言い換えようという話だった**でしょう。人種とか、性別とかについての。「〝ミジェット〟とか、〝ドワーフ〟とか言う換わりに、〝ヴァーティカリー・チャレンジド(垂直方向に制限のある人)〟と言うのか!?」というふうに、PC的な言葉遣いを揶揄するジョークもあった。今は普通に〝リトル・パーソン〟〝リトル・ピープル〟と言うけど。

ホーク 〝ファイヤーマン〟じゃなく、〝ファイヤーファイター〟と呼びましょう、〝マンホール〟という呼称もやめましょう、とか。当時はどうもバカげているなあと笑っていたんですよ。言い換えれば済む話なのかと。「言葉を換えましたんで、これで差別もなくなります」って、そんなことあるのか。いわゆる「PC」に関しては、そういう議論があったように思うんです。

ヨシキ　硬直したものさしで機械的に当てはめようとすると、必ずそういうことになる。たとえば、アニメの『サウスパーク』は放映が始まる前に、主人公グループ４人組を全員白人の男の子にするのではなく、女の子や黒人を入れたらどうかと、テレビ局から提案されたことがあった。それを、クリエイターのトレイ・パーカーとマット・ストーンは蹴った。そうやって、極めて恣意的に表面上の多様性を持ち込んでも、仕方ないとわかっていたんだと思う。

ところが、ディズニー・チャンネルでやっているティーン向けのドラマなんかは、もうわかりやすいぐらい企画段階から通り一遍の多様性をぶち込んである。もちろん、現実の人種構成を反映するのはいいことだと思うし、これまで白人ばかりだった状況のほうが異常だから、そこは是正されていくべきだよ。だけど、それを**機械的に作業としてやっているのが丸わかりだと、鼻白む**ことがないわけでもない。だんだんとすべてがそうなっていけば、その感覚もなくなるんだろうけど。

――人種が先に決まっていて、そこに配役していく。それこそ戦隊ものみたいに、赤・青・緑・黄・ピンク色がいるって、色前提でキャラクターを作っていることがありますからね。

ヨシキ　そういうことの意図自体は、まったく否定しないですよ。今は人種差別の問題についても、性差別についても、過渡期のど真ん中だと思うし、おかしな勾配があるところはどんどん是正していったほうがいいに決まっている。その「過渡期」が何年続くか、何十年かかるのかはわからないけど。

だけど、単に防御的になった製作者が、「突っ込まれたくない」一心で、つまり「怯え」に基づいて表面を取り繕《つくろ》っている感じが透けて見えるものが多すぎる。おまけに、作品によっては「多様性」を過去にさかのぼって投入した結果、白人がこの世の春を謳歌していた時代の話にもかかわらず、**現実には相手にされなかったであろう有色人種が重要なキャラクターで出てきたりするのは、歴史修正主義的**だとも思う。有色人種のヒーローを投入して、それが白人のヒーローと仲良く一緒に悪役を倒して一件落着、というのはイージーにも程がある。

ホーク　そのときに、非白人が本当は何をさせられていたかが重要じゃないですか。

ヨシキ　うん。その当時、いかに有色人種が貶められていたかを描いたほうが、ずっといい。それは奴隷であったり、大陸横断鉄道の建設に駆り出された中国人労働者であったりするんだろうけど、「黒人と中国人も、今回はヒーロー組に入れておきました！」って、それはないだろう。問題と正面から向き合うのは面倒くさいし、文句を言われるのも嫌だから……という、後ろ向きの思考が生んだ、手抜きの表現じゃないかと。

ホーク そうやって、「アリバイ作り的に有色人種を出しました」という製作側と、「ポリコレに忖度した奴が、黒人を出しやがって」という受け手側とが、対峙《たいじ》しているわけですね。地獄ですね。

そもそもポリティカル・コレクトネスというのは、人種や性別で人間を区別することをやめよう、という話であったわけでしょう。その一環としてとりあえず、あれやこれやの呼び名を変えようと。ただ、それはあくまで上っ面の話であって、より本質的な部分に関する議論は全然深まらないまま、ここまで来てしまったんじゃないかと思うんですね。

特に娯楽映画を取り巻く環境なんかは、90年代あたりからずっと、ほとんど先に進んでいないのではないかと。ずいぶん昔に始まった議論のはずなのに、いまだに女性や有色人種の機会均等ありやなしや、という話をしている。映画の主人公に、女性や黒人が増えましたね、ポリコレに配慮したんですね、という物言いが平気でまかり通っている。**機会均等ありやなしやって、そんなものは最初からありに決まってる**じゃないかという。PCも何もなかろうと。

――前回、「おちゃらけ青春映画からセクシーシーンがなくなった」という話が出ましたけど、今のハリウッド全体としてはどうでしょうか。

ヨシキ 今と昔の最大の違いは、**ラブシーンで脱ぐのが男ばかりになった**ってことじゃない？　それは映画だけでなく、海外テレビドラマを観ていても思う。別に両方脱げばいいじゃんとは思うんだけど、なぜか男ばかり脱ぐ。『サウスパーク』でも、バターズ君が『ゲーム・オブ・スローンズ』★4を観て、「おちんちんしか出てこない！」と衝撃を受けていた場面があった。実際には『ゲーム・オブ・スローンズ』では、女優陣も脱いでいたんだけど。両方脱がすか、どっちもやめるかにしたらいいんじゃないの？

　確かに、かつては女優のヌードシーンが集客のフックになっていた時代もあって、そのときは女優さんばかり脱がされていたということはあるけど、それを是正するために男ばかりが脱ぐ時代を通過する必要があるのだろうか？「ある」という意見もありそうだけど、性別を問わず、裸を回避したラブシーンが不自然に見えるのは間違いない。

ホーク　そんなに服着たままセックスしないだろうって。どんだけ時間がもったいないんだ、お前らは、とは思いますよね。

ヨシキ　ただ、**アメリカ映画はヘイズ・コードの昔から、ヌード表現に厳しい枷《かせ》をかけてきた**経緯もあって、エロが苦手ということもあるかもしれない。ヨーロッパでも、国によってセックス描写、ヌード描写の解禁の歴史が異なっていて、時代時代における許容度も違っているんだけど、今はまあ、そこもフラットになってきている。アメリカも、ヘイズ・コードの呪縛が解けた１９７０年代とか80年代はもっと緩かったけど、今はレイティングの細分化もあって、なかなか厳しい感じに戻ってきている。

★４　『ゲーム・オブ・スローンズ』11年〜19年・米／製作総指揮：デイヴィッド・ベニオフ、D・B・ワイス／演：エミリア・クラーク、ピーター・ディンクレイジ、キット・ハリントン／HBO製作
　ジョージ・R・R・マーティンのファンタジー小説『氷と炎の歌』が原作のドラマ。ドラマで最も権威あるエミー賞を通算１３２ノミネート、47部門での受賞は史上最多。

僕も昔は、無駄に裸が多い映画のことを、「無駄に裸が多い」という理由で称賛したりしていたけど、やっぱり今はそうは思わなくなったよね。ドライブイン映画評論家のジョー・ボブ・ブリッグスが言うように、かつてのエクスプロイテーション映画を評価する軸の一つにはなりうると思うけど。

ホーク　それはそうねえ。

ヨシキ　そういうエクスプロイテーション映画は、観客が限定されていたということもある。インターネットでポルノが見放題の時代じゃないから、女性の裸目当ての客層が、それだけ多かったわけ。ポルノ映画館には二の足を踏んでしまう層に向けて、ソフトコア映画が量産されていた。で、そういう需要がなくなったから、そういう映画もなくなってしまった。それは自然な流れでもある。

ホーク　今はもっとダイレクトですからね。**「エロが見たけりゃ、ネットでも見てろ」**って話ですし。

ハリウッドにおけるキャスティング考

——たとえば、トランスジェンダーの役をストレートの人が演じることに関して、批判もすごくあります。それに対して、テリー・ギリアムなどが、「バカじゃない」と言ったりもしています。

ヨシキ　かつては黒人の役を白人がやっていたこともあるし、アジア系の役もずっと白人が演じていた時代があったわけでしょう。それは問題だと思うけど、トランスジェンダーの役か……それは白人がアジア人や黒人の役を演じるのとは違って、芝居の範疇《はんちゅう》のような気もしていたけど、これは**実際には「機会」の問題**だよね。

トランスジェンダーの人が役者を志しにくい環境は実際にあるし、役にありつけないという状況もある。シーンからあらかじめ排除されている、という問題。当たり前だけど、ドラァグクイーンの役を女優が演じるとかいうのは論外なわけだし、そう考えたら、トランスジェンダーも同じことなんじゃないかな。テリー・ギリアムや筒井康隆みたいな、かつて反骨ど真ん中で不謹慎ネタを得意としてきた人は、昨今の差別やＰＣをめぐる潮流を昔の枠組みのままで考えている節もあるよね。

ホーク　テリー・ギリアムにしても筒井康隆にしても、今の彼らには非常に幻滅していますね。たとえば筒井康隆は、「従軍慰安婦の銅像にザーメンをぶっかけろ」みたいなことを言ってしまうわけでしょう。テリー・ギリアムも、「#MeToo運動なんて、あんなものはただの魔女狩りだ」と放言している。**昔は権威に逆らって暴れていたのが、今は弱者を踏みつける権威側と同じことしか言っていない**わけで、もう超ガッカリしますね。もはや反骨も何もなくて、単なるジジイの意地悪でしかないじゃんかと。からかうべき相手もわからなくなっているんじゃないか。そんなことなら、もう引退しなさいよと思います。

と、つい熱くなりましたが、LGBTと映画という問題に関しては、ストレートの人がゲイの役を持っていっちゃうのはどうか、ということも言われています。

ヨシキ　シャーリーズ・セロンは『モンスター』で、自分と正反対の、つまりスーパーモデルと対極の、醜いおばさんの役を特殊メイクで演じてアカデミー賞を取ったけど、それも誰かのチャンスを潰していると言えるかもしれない。老齢の俳優の中には、特殊メイクを使った老人表現が彼らの仕事を奪っていると言う人もいた。だけど、そこは許容範囲というか、厳密にしたらトム・クルーズなんて、おまんまの食い上げですよ。実年齢とかけ離れた役ばっかりやってるんだから。

ホーク　セロンという人には、あれだけ美人な自分をどうにかブッ壊したいという気持ちがあるんじゃないかって気がする。

ヨシキ　そうだと思う。それは意欲的な役者がみんな思うことでもある。

——俳優自身が、「クイアの人から役を奪いたくない」と言っているケースも多い気はします。

ヨシキ　さっきも言ったけど、性的指向はデリケートな問題だし、当事者でないとわからないことも多いから、そういうことを言うのもわかる。ただ、お芝居は「そう見えればいい」という側面もあって、**ここを突き詰めると「演技とは何か」という問題にまで行き着いちゃう。**眠っているシーンで、誰かが寝ているのは本当に「寝ている」のか？　それとも寝ている「演技」なのか？　それを観客は判別できるのか？　というね。

ホーク　あいつ演技うまいなあ、本当に寝ているようだ、と思ったら、マジでグーグー寝ていたという。仕事しろよ！

ヨシキ　だから、この問題はやっぱり演技論ではくて、「機会」の問題なんだ。基本的にはね。

ホーク　ようやく娯楽映画にもマイノリティーが出てきましたというときに、その当事者が蚊帳《かや》の外に置かれているんじゃないかと。それが問題だということでしょう。ただでさえパイが小さいのに出番を奪われて、当事者が憤りを感じるのは理解できる。

　たとえばスカーレット・ヨハンソン主演の実写版『ゴースト・イン・ザ・シェル（攻殻機動隊）』というのもありました。日本発のコミックが原作で、主人公は本来アジア人なのに、なぜスカヨハなのかと。娯楽ＳＦ超大作の主演で、客を引っ張れる女優……まあヨハンソンだなと、製作側が考えたんでしょうね。そこはもうちょっと考えたっていいんじゃないかと思います。それで叩かれる彼女も気の毒だなって気がするんですよ。**もっと構造的な問題じゃないの**って。

ヨシキ　いわゆる「ホワイト・ウォッシュ」と呼ばれる現象だね。これは白人かどうかということも問題だけど、スカーレット・ヨハンソンのネームバリューと、それを利用したい製作者側の思惑の問題もある。確かに構造的な問題を孕《はら》んでいて、つまり、スカーレット・ヨハンソン級のネームバリューが得られるキャリアを築くための道が、有色人種の俳優に対して開かれているのか？　ということになってくる。

――他にも、『ドクターストレンジ』のエンシェント・ワン★5も、「ホワイト・ウォッシュだ」という意見がありましたね。

ヨシキ　最低限、東洋人メイクにしなかったのは良かった……のかな？

ホーク　監督は「エンシェント・ワンという元のキャラクターからして、超差別的じゃないか」と言ってましたけどね。確かに、もともといかにも60年代の類型的な怪しい中国人だったわけですから。とはいえ、一足飛びにケルト人の女性に改変するかな？　それもどうかなと思いましたけど。

――人種構成的に、アジア人のスターが少ないということもあるんですかね。

ヨシキ　そこにはやっぱりガラスの天井があって、上にいけないいんですよ、本当に。それでも、今はすごく増えたと思うし、アジア人が主演の映画がメジャーで作られて、世界的な大ヒットになったりもしている。状況は変わりつつある。自分が子どものころのことを考えたら、天地雲泥ですよ。**テレビも映画も広告も、目にする外国人はほぼ全部白人だったんだから。**今と比べると笑っちゃうほどの違いがある。

ホーク　アフリカ系で、当時僕らに印象を残した人って誰だろう。

ヨシキ　えーと、『マイアミ・バイス』の……。

★5　エンシェント・ワン
魔術師のドクター・ストレンジが活躍するマーベル映画『ドクター・ストレンジ』の登場人物。ストレンジを導く師匠であるエンシェント・ワンは、原作コミックではチベット系男性として描かれていたが、映画版ではティルダ・スウィントンがキャスティングされ、ホワイト・ウォッシングだと批判された。それに対し監督のスコット・デリクソンは、原作版のアジア系キャラは「怪しげで超能力を扱う典型的ステレオタイプだったからこそ、そうならないように避けた」とキャスティング理由を同作のオーディオ・コメンタリーで明かしている。

ホーク　フィリップ・マイケル・トーマス。
ヨシキ　あと、ルイス・ゴセッー・ジュニア。
ホーク　そしてアポロ。
ヨシキ　カール・ウェザースね。あと、ランド・カルリジアン。しかし、彼らがどれだけ白人の中で一人ぼっちでいたかっていう。
ホーク　当時はそうですよね。確かに言われてみると、**頼れる相棒枠**だ。
ヨシキ　サイドキック枠ね。それも今は、まったく状況が変わったと思う。アジア人も「カンフー枠」や「ドラゴン・レディ枠」、「国籍不明の犯罪組織のボス枠」なんかから解き放たれて、自然な役を自然にできる時代になってきた。歓迎すべきことだし、うれしいことだよ。トランスやゲイについても、そういうふうになっていくべきだ、という流れが出てきたということだね。

「ショック・バリュー」の意味を知れ！

――ヨシキさんは、「モンド映画★6が好き」と言って、「あんな酷い映画を!?」と嫌な顔をされることはないですか。
ヨシキ　もうテレビでかかることもないだろうし、アクシデント的にモンド映画を「観ちゃう」人がいないから、それは全然ないですよ。あと、モンド映画は登場したときから、い

★6　モンド映画
第三世界やアジアの奇習を、見世物的に扱った映画ジャンル。ジャンルの始祖、ヤコペッティ監督『世界残酷物語』の世界的大ヒット以降、同作の原題「Mondo Cane」(Mondoは、〜の世界という意味。Caneは犬)にかけて「Mondo〜」と銘打った映画が次々と作られたことから、「モンド」がジャンルの総称となった。

ろんな意味でさんざん批判されてきてるから、何か言われても「まあ、そういうところもある」としか言いようがない。

ただ、モンド映画のゴッドファーザーこと『世界残酷物語』のヤコペッティなんかは、非常にフラットな視点を持っていたと思う。「〈土人〉の奇習」みたいなものを描くときにも、「先進国のトチ狂ったあれこれ」と必ず併置している。ヤコペッティの映画には、当時の言い方でいうところの〈土人〉がたくさん映っているけれど、それが差別的かと問われると、ちょっと違うと思う。彼らが「文明化」することで何が失われてしまったのか、とか、そういうことにもちゃんと踏み込んでいる。

それを言ったら、**「原始的な部族の村に、1週間ホームステイ」みたいなことをやっている日本のテレビ局のほうが、ずっと差別的**だと思う。

ホーク　どこかの現地人のおっぱいだったら、テレビでもモザイクかけないみたいなね。

ヨシキ　あれ、本当になんなんだろうな。それが人種差別じゃなくて、なんなんだと思う。

ホーク　一部のモンド映画も何もそうだけど、70年代やそれより以前の作品を、今そのまま当時観ていたような気持ちで観ていたら、それはマズいよなって。

――もうヤコペッティみたいな映画は作れないでしょうね。

ヨシキ　それは無理かな。すごく地域を限定すれば可能かもしれないけど、それではヤコペッティ的なモンド映画の持っていたカタログ感覚は失われてしまう。あと、文明人は相変わらずアホだけど、かつてプリミティブな生活を送っていた人たちも、すっかり「文明化」して／させられてしまったから。

ホーク　ああ、そういうこともあるのか。

ヨシキ　プリミティブなカルチャー自体が観光化することで、資本主義サイクルに飲み込まれてしまった。それに、今はどこからでも一瞬でリアルタイムの映像が届くようになったし。

――「ポリコレによって映画は死んだ」という言説も見かけます。

ヨシキ　全然そんなことはない。たとえば、さしたる理由もなく女優のおっぱいが何かにつけ映るような映画は減ったけど、それで何も困らないし。ちゃんとした役の有色人種をスクリーンで観る機会は以前よりグッと増えたけど、それは歓迎すべき状況だし。

それに、レイティングがキツめの作品に目をやれば、残酷だって裸だって普通にあるでしょう。何が不満なのかわからないな。**家族連れが観る映画に、不必要なうえに差別的な表現がたくさん入っていないのが気に入らないんだとしたら、ちょっと正気を疑ってしまう。**

ホーク　ポリコレのせいねえ。まあでも、実際そういう人たちが「PCなんかに忖度しない」ってキャッチがついた映画を、喝采《かっさい》して観ているんでしょうね。

ヨシキ　まあそれも形を変えたマッチョイズムであり、この言葉は嫌いだからあまり使いたくないけど、**「中二病」的な、幼稚な不謹慎への憧れ**であるわけで、心底どうでもいい。幼稚すぎて話にならない。

ＰＣをめぐる事象のごく一部を取り上げて、「検閲だ！」「言葉狩りだ！」って騒いだりするけど、たとえ過渡期にそういう例が多少あったとしても、あたかもＰＣの本質が「検閲」であるかのように本気で思っているんだとしたら、ちょっとかける言葉もない。絶望的なまでに理解力が足りないとしか言いようがない。おまけに、アンチ「検閲」というようなポーズを取るけれど、彼らの目線は往々にして権力者側にあったりする。体制が好きなのかな？

ホーク　大好きなでんしょう。しかしそれは片思いだぞ、と言いたいですが。

ヨシキ　とある描写が差別的なものか、あるいは著しく良識に反するものであるかどうか、ということについては、作品ごとに個別に検討していくしかない。しかし、「差別的な描写を含むから」とか、「著しく良識に反する描写を含んでいるから」という理由で、その**「やってやった感」に「イエーイ！」とか言ってどうするんだ**と思う。とんでもない描写が出てくる映画はいくらでもあるし、その中には極めて真摯に表現の限界について考えているものもある。

でもね、これって、ごく一部の映画作家が陥る罠でもあって。そういう人たちは、たとえば「これまでの映画では、赤ちゃんがレイプされてから真っ二つに引き裂かれるシーンはなかった！　斬新だ！　これはすごい話題になるぞ！」と考えて、実際にそれをやっちゃったりするんだけど、ちょっと待てと。なんでこれまで、そういう描写のある映画が作られてこなかったかといえば、**そんなことをやっても胸糞悪いだけだし、映画が面白くなるわけでもないから**だよ。ＰＣがどうの、という以前に、そういう「ためにする露悪趣味」のようなものは、基本的には相手にされないと理解するべきなんだ。

それでもやる必要があると確信しているなら、なぜ必要なのか、観客に理解させる必要がある。それをスッ飛ばして、「どうだ、すごいだろう（俺様は）」と言われてもね。

僕はエクストリームな表現の持つ「ショック・バリュー」については、これまでもさんざん書いてきてるし、「ショック・バリュー」には「ショック・バリュー」の存在意義があるとも思っている。あまり理解されないこともわかったうえで。しかし、だからといって「やってやった感」で盛り上がるのは本末転倒だし、結果的に自分たちの首を絞めることにつながるとも思う。

ホーク　とかくエクストリームなものにかぶれる、そういうものを追い求める時期は、自分も含めて誰しもあると思いますけど。

ヨシキ　うん。『セルビアン・フィルム』とか『アンディ・ウォーホルのＢＡＤ』には、「ショック・バリュー」を用いて、受け入れられる／受け入れがたい表現の境界線を可視化するという意味だってあった。だけど、そういうエクストリームな拒否反応を引き起こす作品が、何かの突破口になっているわけではまったくない。それに、そういう表現が広く受け入れられるようになることも絶対にない。さっきも言ったけど、それはPCとは関係ないよ。

ホーク　これはどうしたって、メインストリームになるわけがないだろうというね。そういう作品をこっちも止めはしないし、「バカだね～」と褒めることもあるでしょう。だからといって、それをみんなで観ようとは言わないよって。

ヨシキ　エクストリームで、アンダーグラウンドで、非常識で、不埒《ふらち》で、言語道断なものが、「カッケー！」みたいな感覚はわかるよ。でも、そういうものは、どこまでいってもアンダーグラウンドな世界に留まるものだということは、理解してもらいたいけどな……。

ホーク　あと、いつぞやの献血ポスター問題★7ね。何かどうも、世の中ショボい感じになっているなと思わざるをえないですね。赤ん坊の頭を潰しちゃうような「過激な表現をやらせろ！」ということでさえないじゃないですか。「巨乳の絵を町中に貼らせろ！」って、要求があまりにもショボい。

ヨシキ　**妄想に基づく「被害者しぐさ」が精神汚染を引き起こしている。**もちろん、国とか権力による抑圧からは、表現の自由を守り抜く必要がある。だけど、巨乳のイラストの献血ポスターをめぐる問題は、全然そんな話じゃないよ。女性表象を過剰にセクシャルにオブジェクティファイしたものを表に出すな、とか、そういう表現をするな、とも言って

★7　献血ポスター問題
2019年に日本赤十字社が漫画『宇崎ちゃんは遊びたい！』とコラボレーションして作った、献血啓発ポスターに端を発する議論のこと。過剰に女性の胸を強調するように描かれたポスターは、公共の場にふさわしくない「環境型セクハラ」であると問題視された。また、目を引くために露骨に性的に描く点で、「性の商品化」であるとも指摘されている。

いないわけ。

TPOを考えろって話。これは世代の問題もあるかもしれないけど、男尊女卑が染み付いていると、女性が何かに異議申し立てをすると、その瞬間に「被害者しぐさ」が発動して、異常なまでの攻撃性を示す人たちがいるね。

ホーク　「巨乳の献血ポスターけいかがなものか」と言った弁護士の人をつかまえてね、表現規制のうるさいババアみたいな扱いをするわけ。巨乳ポスター擁護派の人たちの目には、ポスターに不快感を示した人たちが、70年代くらいに小学校の校庭で、漫画を山にして焼いていた人たちと同じに見えるわけでしょう。三角のメガネかけたようなPTAの、「なんとかザマス」って言う人みたいな。そんな奴らに弾圧させてたまるかと。

ヨシキ　やっぱり世代と深い関係がありそうだなあ。

ホーク　「エロい絵を町中のどこでも見られるようにしろ！」と言われてもですね。ちょっと困っちゃう。家で見りゃいいじゃないのと。

ヨシキ　女性に対して、あるいは「良識」に対して、とにかく嫌がらせがしたい、という暗い欲望を感じるね。**「被害者しぐさ」と「嫌がらせしたい欲」が、今の日本における精神の荒廃の源流**になっている。吹き上がる前に、アメリカでも行って大麻で一服して、チルアウトしてほしい。

「被害者しぐさ」に隠された、屈服させたい欲

――Disney+は「ディズニーなんでも観放題！」と謳っていますけど、『南部の唄』★8みたいに、決して出していない映画が他にあったりするんじゃないですか。

ヨシキ　注釈をつけるなどして、表に出す方法はあると思うけど、子ども向けのものだし、当の子どもが注釈を理解できない可能性もあるから『南部の唄』のようなものをDisney+で出すのは難しいと思う。その事情はわかる。大人向けにクライテリオンとかが出してくれればいいんだけど。

ホーク　子どももいれば、子どもみたいな大人もいるしね。

ヨシキ　ドイツでは70年にわたって発禁本だったヒトラーの『我が闘争』が、数年前に復刊された。２０００ページを超す膨大な注釈をつけることで、それが可能になった。というか、注釈抜きでの復刊は絶対に無理だったと思う。それに近い感じだと思えば、『南部の唄』がなかなかソフト化されないのも理解できる。

ホーク　学術的な資料として残すのであればまだしも。

ヨシキ　うん。だけど、もしソフト化された『南部の唄』の本編だけを観た子どもがさ、「黒人の優しいおじいちゃんと白人の子どもたちはみんな仲良しで、いい時代だったんだね」なんて思うようなことがあるとしたら、すごく困るわけ。

★8　『南部の唄』
46年・米／監：ハーブ・フォスター、ウィルフレッド・ジャクソン／脚：モーリス・ラップ、ダルトン・レイモンド、モートン・グラント／演：ジェームズ・バスケット、ボビー・ドリスコール
　ディズニー初の長編実写映画。19世紀末アトランタの農園での、白人の少年ジョニーと黒人のリーマスおじさんの交流を描いた物語。リーマスおじさんが語る動物たちの寓話はアニメーションで描かれ、その箇所はディズニーランドの「スプラッシュ・マウンテン」の原案になった。この映画自体に差別的な要素は含まれてはいない。しかし、本来は農園で熾烈な扱いを受けていた黒人の実情をまったく描いておらず、本来の現実からかけ離れすぎていることが、奴隷制に対する誤った理解を植え付けかねないとして、全米黒人地位向上協会がディズニーに抗議をした。ディズニーは86年からは、自主規制によってソフト化をしていない。2020年の反人種差別デモの一

――逆に、圧力をかける方向もある昨今ですよね。「あいちトリエンナーレ」ですとか。

ヨシキ　あれも、圧力をかけたがったり、抗議したりしている人の多くは、くだんの作品がどういうもので、どういう経緯を踏まえて作られたものか、ということをビタ一文理解していなかった。少し調べればわかることも調べない。

ホーク　「『あいちトリエンナーレ』の展示はけしからん」って言っている人は、おそらく巨乳ポスターはアリ派なんじゃないかとも思うんですよね。その同じ口で、規制を許しているといつかの宮崎事件みたいに、俺たちの好きなものがなんでも弾圧されるようになるんだと言う。**捏造されたトラウマ**ですよ。

ヨシキ　「捏造されたトラウマ」的なことに関しては、以前に『嫌オタク流』★9（太田出版）でも書いたけど、個人的な記憶と制度的な「差別」が意図的に混同されている。イジメられたことがあるとか、見てくれのせいで不快な応対をされたことがあるとか、気の毒なことだとは思うよ。いろいろつらい思いをしたことを否定はしないし、同情もする。だけど、そういう個人的な記憶を制度的な差別であるかのように語るのは、絶対におかしい。

ホーク　自分たちこそが差別されている、と言いたいんですね。男が差別されている。日本人が差別されているって。

ヨシキ　これも「被害者しぐさ」をめぐる問題の一つだと思う。「被害者しぐさ」は、**「被害者であることが、無限に復讐する権利や物申す権利を与える」という幻想**の上に成り立っ

環で、ディズニーランドのアトラクションの題材変更を求める署名運動が行われた結果、『プリンセスと魔法のキス』をモチーフにしたアトラクションへ改装するとディズニーは発表している。

★9 『嫌オタク流』
2006年、太田出版刊。中原昌也、高橋ヨシキ、海猫沢めろん、更科修一郎による対談形式の本。当時はオタク市場にスポットが当てられ、オタク礼賛が沸き起こっていた時期だった。本書にもつながる高橋ヨシキの日本人による文化受容に対する姿勢への危惧や、中原昌也の斜め上からの発言などが展開される。カバーには、中原昌也による渾身の萌えイラストが描かれている。

ていて、実際、いろんな事件の加害者に寄せられる極めて攻撃的なコメントには、そういう意識が見え隠れしている。だから、ルサンチマンがあればあるほど「有利」になる、という倒錯した認識にいたる。しかし注意しておきたいのは、そういう「被害者しぐさ」を振り回す連中が、一方で現実の事件や歴史上の被害者に対しては、異常なまでの攻撃性を発揮するというところ。これは彼らが「被害者しぐさ」を武器だと思っている証でもある。そこで現実にはどうあれ、「不当に貶められてきた」という主張が、いろんなことを正当化する根拠として持ち出されてくる。ここでもやはり、「被害者しぐさ」が「嫌がらせしたい欲」と相互に補完し合う関係になっている。

ホーク　「男こそ差別されている！」と言う人たちは、何に勝ちたいんだろう。女に勝ちたいのか。女に勝つとはなんのことかって。結局は屈服させたいわけでしょう。

ヨシキ　屈服させたい欲……古代ローマの皇帝みたいなメンタリティだなあ（笑）。

ホーク　そして**根底では、女にモテなかったということを、みんながいつまでも引きずっている。**

ヨシキ　そんな、極めて個人的な事情をいちいち勘案しろっていうのは、無理にも程があるよ。それはむしろプライバシーの領域じゃないの？

ホーク　そもそもモテるってどういう状態か、説明しろって言ったら、たぶんビートルズの映画★10みたいなイメージしか出てこないわけでしょう。通りの向こうから女性が、自

★10　ビートルズの映画
『ビートルズがやって来るヤァ！ヤァ！ヤァ！』(64)のこと。ビートルズの日常をドキュメンタリー風に切り取った映画。大人気のバンドメンバーは、行く先々で熱狂的なファンたちに追いかけられて、もみくちゃにされる。

分を目がけて「キャーキャー」って、5000人くらい走ってくるような。

ヨシキ 『モンティ・パイソン／人生狂騒曲』の、「自分の死に方を選んだ死刑囚」のコントみたいな。大勢の裸の美人に追い回されて死ぬ（笑）。

ホーク それは俺が「とりあえず5億欲しい！」とか、なんの脈絡もなく非現実的なことを言うのと、どう違うんだって話でしょう。そりゃ俺も確かに若いころは、モテたいとは思いましたよ。大多数がそうだとは思いますけど。

ヨシキ 「モテたい」というのは、突き詰めていうと「拒絶される可能性というものを否定したい」ということなんじゃないのか？ それは**他者との関係においては、永遠に無理**だよ。相手に拒絶される可能性はいつだってある。でも拒絶されない可能性だって、わずかながらある。それじゃダメなのか？

ホーク 多少拒絶されても、「女め！」という心理に追い詰められることはないと思います、普通は。だけどあるとき、モテるとは何かって真面目に考えたの。当たり前ですけど、駅の向こうから女が5000人走ってくれば、モテてるってわけでもないよなって。それで考えた末、モテるというのはつまり、どれだけの女性から、自分だったらアリかもと思ってもらえるかどうかだ、という結論にいたってですね。そのためにどうすべきかというと、まず感じのいい人間にならなければいかんなと。当たり前の話ですけど、たとえば清潔にするとかね。爪が伸びていないとか。不潔で、意地悪でね、すぐに何か睨みつけてくるような男を、誰も感じがいいとは思わないよって話で。

ヨシキ　やっぱり「屈服させたい欲」なのかな。相手の自由意志は、とことん無視されるという。

――その価値観を極限まで突き詰めてしまった人が、ハーベイ・ワインスタイン★11なわけじゃないですか。ワインスタインだって、感じよくすればモテたでしょう。いい映画だって作ってはいますし。

ヨシキ　相手と対等の関係を築くチャンスに恵まれなかったのか、もともと放棄していたのかわからないけど、そういう関係は可能性すら考慮されていないのかもしれない。こないだ題名は忘れたけど、Netflixのドキュメンタリーかなんかで、たくさんレイプしてきた犯人が、「誰でもいいと思ってやったわけじゃない！」と逆ギレしていたのには驚いた。それが何かしらのエクスキューズになると思っているんだ。

ホーク　セクハラにしても、「誰にだってしているわけじゃない、君が魅力的だからだよ」みたいなことを言うわけです。

「#MeToo」運動に行き過ぎはない

――ある邦画の監督インタビューを読んだら、「自分の青春時代の鬱屈した思いをヒロインに注ぎました」と言っていて、少し気持ち悪いかなと。

★11　ハーヴェイ・ワインスタイン　1952年、ニューヨーク州生まれ。インディペンデント映画を製作・配給するミラマックス社を79年に設立。『パルプ・フィクション』以降、クエンティン・タランティーノ監督作を数々プロデュース。『恋におちたシェイクスピア』など、プロデュース作品の多くがアカデミー作品賞を受賞。17年、「The New York Times」誌が、アシュレイ・ジャッドやローズ・マッゴーワンの証言をもとに、彼がセクシャルハラスメントを行っていたと報道。以降、カーラ・デルヴィーニュ、ルピタ・ニョンゴ、ロザンナ・アークェット、グウィネス・パルトローらが彼から性的犯罪被害を受けていたことを明かし、「#MeToo」ムーブメントに発展していく。18年に逮捕・起訴され、20年3月にレイプと性的暴行の罪で禁錮23年の刑が確定した。

ヨシキ　出来上がった作品が良ければ、それでもいいんだけど。ただ、**世の中に溢《あふ》れる「女の表象」の多くがおじさんの妄想に過ぎない**、という問題は根が深いものがある。歌謡曲とか演歌の歌詞とかに如実だけど、女の人が一人称で自分のことを歌っている歌は、ぜーんぶおじさんが書いてるわけ。だから、そういう「おじさんの考えた女の表象」の特徴は、むしろおじさんの内面を吐露したものだと考えるべきなんだ。好きな相手と別れたあとで、いつまでもメソメソしながら帰りを待っているとかさ、そういうのはおじさんの心理。「引きずりまくりなのはお前だろ！」と言いたくもなる。

——30〜40代ヒロインの女性映画があんまりないということも、昔から言われていますね。

ヨシキ　そのくらいの年齢の女性の気持ちをおじさんが想像できない、もしくはしたくない、ってことも影響しているのかもしれない。

関係ないけど、スコセッシの『アイリッシュマン』に結婚式の場面があったでしょう。60歳くらいのおじさん……おじいさんが、せいぜい20代後半くらいの「トロフィー・ワイフ」と結婚式を挙げる。よくぞ描いたと思ったね。そういう価値観の人たちの世界を描いた作品だけど、そのキモさを集約した見事な場面だったと思う。スコセッシは『カジノ』でも「トロフィー・ワイフ」を描いているけど、あれは「トロフィー・ワイフ」だと思って結婚した相手が悪かった。

ホーク　まさかシャロン・ストーンだと思わなかった。そりゃマズいよ。

ヨシキ　政治家や実業家やヤクザの結婚は、「トロフィー・ワイフ」だらけだな〜。あとは政略結婚。

——一方、#MeToo運動の流れで起こったタランティーノやジェームズ・ガンへの批判★12に対して、それは行き過ぎなんじゃないかとも言われたりします。

ホーク　**どこまでやったら行き過ぎってことはない**んじゃないかな。

ヨシキ　それこそ「おじさんによる行き過ぎた支配と搾取」が、どれだけ深刻か。

ホーク　セクハラ……というか性暴力に対する告発を、売名だとか、金が欲しいだけだろうと言って、無化しようとする風潮もありますね。それは本当にどうなんだと思います。だって**告発する側に、あまりに実利がない**でしょう。売名だ、金目当てだと言って、それで売れる名前とか、得られる金がいかほどなものかという話で。そんなもののために、わざわざ自分の名前を表に出しますか？

そうやって名乗り出た人たちに対して、当事者でもない外野がアレコレ言ってですよ。どうして性暴力をなかったことにできるんだろうというか、そもそもどうして「ないことにしよう」と思うのかが理解できないですね。

それで言えば、たとえばマイケル・ジャクソンの話★13。本当かはわからないとはいえ、あれは「マイケルに限ってそんなはずがない！」と言ってしまっていいのかという気持ち

★12　タランティーノやジェームズ・ガンへの批判
クエンティン・タランティーノは、#MeToo運動にいたる諸悪の根源、ハーヴェイ・ワインスタインと最も密接な関係の映画監督だと言ってもいい。出世作であり自身初の長編監督映画の『レザボア・ドッグス』(92)から、『ヘイトフル・エイト』(15)にいたるキャリアすべての長編映画をワインスタインの会社で製作し、ほぼすべてにワインスタインもプロデューサーとして名を連ねている。このことから、ワインスタインのスキャンダルが明るみに出るや否や、タランティーノにも批判の矛先が向いた。当初は沈黙していたが、意を決して「The New York Times」誌の取材に臨み、「彼の行為を知って

があって。そういうことも考えながら、あっちはクロじゃないか、こっちはシロだろうと、軽々には言えない感じがあるというか。モヤモヤして、答えは出ないんだけど。

ヨシキ　#MeTooでは、アーシア・アルジェントの一件もあった。アーシアは、1990年代にワインスタインに性的に攻撃されたと名乗り出た。しかし、その後数年間にわたって「同意のうえでの性交渉もあった」ということもあって、ちょっと複雑だったし、アーシア自身もだいぶこの件で叩かれた。

そうしたら今度は、以前に共演した子役とセックスしていたことが発覚。相手が当時17歳だったんで、大問題になった。お酒を飲ませていい気持ちにさせて、ことに及んだというんだけど、そのことを口止めしようとして、金を払っていたことまで明るみに出たのがヤバかった。

ホーク　アーシア・アルジェントのときも相当驚いたし、モヤモヤしましたね。彼女自身がワインスタインを告発したニュースをずっと追いかけていたら、「うわ、出た！」って。

ヨシキ　人間関係が常にそうであるように、#MeToo運動のあれこれも、どこにだってグレーゾーンを見出すことはできる。でも、それは一つ一つ検証するべき話であって、**総体としての#MeToo運動の意義や意味は、グレーゾーンが存在することによって損なわれるわけじゃない。**

ところが、これは歴史修正主義の人にもよく見られる論法なんだけど、一つでも反証が

いた」とインタビューで答えた。「本来だったらそれを知ったときに、もう彼とは一緒に映画を作るべきではなかった」として、自身の非を認めた。また、『ガーディアンズ・オブ・ザ・ギャラクシー』シリーズを成功に導いたジェームズ・ガンは、2018年に製作会社のディズニーから、次作監督からの降板を言い渡された。Twitterでの、レイプやペドフィリアをネタにした発言が、「#MeToo運動の時流でディズニーの価値観とはそぐわない」ことが原因だった。ガンがそのような発言をしたのは間違いないものの、彼を陥れることを目的にオルト・ライトがわざわざ10年前のツイートを掘り返して問題化していた。ガンは発言の非を認めて謝罪し、ディズニーも受け入れたことで、19年に監督に復帰した。

★13　マイケル・ジャクソンの話
生前から疑惑をかけられていた、マイケル・ジャクソンの児童虐待を告発したドキュメンタリー映画

あると、全体を否定しようとすることがある。そんなこと、あるわけないんだけど。痴漢冤罪《えんざい》があるからといって、痴漢の存在が魔法のように消え失せるわけではない。

ホーク　その通りですね。頭が悪いんだな。

ヨシキ　自分に都合の良いときにだけ発揮される頭の悪さ、というのもあるね。

映画祭について回る政治色

――アカデミー賞に話を戻すと、アカデミー賞でも政治的なあれこれはありますよね。

ヨシキ　それはあるし、アカデミー賞そのものが、**業界における政治的スタンスの表明の場として用いられる**こともよくある。その観点にぴったりハマる作品にいっぱい賞を授けることが、ちょっとした免罪符みたいになっている。現実に起きていることは、「あんまり面白くない映画に賞をあげただけ」なんだけど、それが回り回って、社会問題に切り込んだ作品が投資の対象として改めて浮上する、というような良い側面もあるのかな。

ホーク　ケビン・コスナー監督主演の『ダンス・ウィズ・ウルブス』。1990年公開（日本では91年）でしょうか。あれが日劇の一番デカいところで、1年くらいずっとかかっていて、死ぬほど当たったんですよね。3時間以上あるのに、すごいロングラン。で、アカデミー賞を取ったんですね。

あんまりしつこく映画館でやっているので、どんなものかと当時は真面目だから観に行っ

『ネーバーランドにさよならを（原題：Leaving Neverland）』が、2019年3月にHBOやChannel4で放映された。ウェイド・ロブソンとジェームズ・セーフチャックが、マイケルから性的被害を受けたと主張しており、その真偽も含めて話題を呼んだ。

たんですけど、まあ長《なげ》えよって。あと、それこそネイティブ・アメリカンの問題に切り込んだというんですけど、まあそこには白人酋長《しゅうちょう》モノ★14の限界がありました。それを言うなら、『ソルジャー・ブルー』★15とか、そういう嫌な映画でネイティブ・アメリカンの酷い扱いを見ているわけだし。まあアカデミー賞というのは、それくらいぬるいものなんだなって。

――重めで立派なテーマがあれば、評価が高くなるということですか。

ヨシキ それは絶対にある。ていうか、それが評価に正当性を与えているというか。

ホーク お墨付きをもらうと。

ヨシキ 「業界としての」意思表示という意味がある以上、そうなるでしょう。

ホーク それこそワインスタインが、政治力でガンガン賞を取っていたわけだから。『恋におちたシェイクスピア』とか、今となっては誰が観ているんだって話でしょう。

ヨシキ ジャンル映画はさ、アカデミー作品賞は取れないけど、その後もずっとファンが繰り返し観るじゃん。人気の作品は、もう毎年毎年、コンヴェンションや上映会で繰り返し上映されるし、熱狂的なファンに支えられている。『英国王のスピーチ』とか『恋におちたシェイクスピア』の上映会があったら必ず駆けつける、という熱狂的なファンはどれだけいるんだろう。そもそも今も上映されているのだろうか？

ホーク そのとき、そのとき、**甘噛《あまが》み程度に社会問題に触れて、かつ万人受けする感じ。**

★14　白人酋長モノ
未開の蛮族を、文明の利器を持ったヒーローが導く作品群。ヒーローがもともと属していた共同体と闘うことが多い。その名の通り、白人がインディアンの部族を率いる、西部劇にありがちな傾向を揶揄したものだが、『アバター』『ラスト・サムライ』なども同様の傾向を持っている。また、近年人気の「異世界転生モノ」も、この変型かもしれない。

★15　『ソルジャー・ブルー』
70年・米／監：ラルフ・ネルソン／脚：ジョン・ゲイ／出：キャンディス・バーゲン、ピーター・ストラウス、ドナルド・プレザンス
インディアン制圧に燃える北軍兵士のホーナスは、インディアンのシャイアン族と暮らしていた女・クレスタと出会う。彼女から「シャイアン族は悪くない、白人のほうが悪い」と言われても、聞く耳を持たなかったが、道すがら負傷をおったホーナスは、あろうことか部族から手当を受け、彼らに同情

ということなんじゃないですかね。

ヨシキ　アカデミー賞は会員数も多いから、投票するとどうしても最大公約数的な結果になる。「映画秘宝」のベストテンも、投票する人がどんどん増えていくにつれ、年々最大公約数的になりつつある……ということは置いておくとしてもだ（笑）。カンヌ映画祭みたいに、審査委員長の権限が強いと、ヘンテコな作品が賞を取れる可能性が出てくるんだけど。

ホーク　だから発表があると、フランス人がブーブー文句を言う。

ヨシキ　デヴィッド・リンチの『ワイルド・アット・ハート』がパルムドールを取った1990年の審査委員長は、ベルナルド・ベルトルッチ。

ホーク　あれもめちゃくちゃブーブー言われましたよね。

——東京国際映画祭というのもありますが。

ホーク　面白かったですね、2019年の審査委員長をやった女優のチャン・ツィイーが、「東京国際映画祭も、そろそろ映画祭としての特色ができるといいわね」って言っていて。あのー、**もう始まって30年くらいになる**んですけど……。

ヨシキ　初期の東京ファンタスティック映画祭は楽しかったなあ。

ホーク　東京国際映画祭は、昔は毎年『ゴジラ』の新作が上映されるのが目玉だったという。あと、本来は買い付けが大事じゃないですか。国際映画祭って。

心が芽生える。時同じくして、シャイアン族の村を白人騎兵隊「ソルジャー・ブルー」が襲撃する。白人たちによる非道な虐殺を目にしたホーナスは、自らもシャイアン族の一員として銃を取ることを決断する。1864年の「サンドクリークの虐殺」をモデルにしている。

ヨシキ　カンヌも派手な授賞式の裏で、世界中からバイヤーがマーケットに殺到している。東京国際映画祭がどれだけマーケットとして機能しているのか、と言えば、ほとんど機能していないと言っていいんじゃないの？

ホーク　でも、**えてしてそういうものに政府からお金が出たりはする**んですよね。

ヨシキ　「ニッポンは、世界中から尊敬されている映画監督の出身国だった。お忘れなく」でしょ。全方位的に酷いんで、どこから突っ込んでいいのかすらわからない。

ホーク　ずいぶん分厚いパンフレットの巻頭に、小池百合子と、辞任した経産大臣の菅原一秀が、バーン！と出てきて、何か立派なことを言っているわけ。君、こないだ辞めさせられたじゃないかと。差し替えが間に合わなかったんですね。

――国の助成をなんとかできないかとは思いますよね。クールジャパンもいいけど、明らかにうまく使われてなさそうで。

ヨシキ　「クールジャパン」については、最近出た『日本の映画産業を殺すクールジャパンマネー』（ヒロ・マスダ、光文社新書）という本が凄かった。もうデタラメというか、端的に言ってドロボー。税金払うのが本当にバカらしくなる。

ホーク　国の助成金というのも、最近は叩きのターゲットとしての話を聞くばっかりですよね。生活保護がいちいち叩かれるのと似たようなもので、「反日の国辱になぜ金を出すのか？」みたいなケチなことばかり言われている。

ヨシキ　「金は出す、口は出さない」という原則を守らない限り、文化の発展は絶対に望めないよ。いつも言ってるけど、ピーター・ジャクソン監督の血まみれスプラッター・コメディ『ブレインデッド』★16は、ニュージーランド政府の助成を受けて作られた作品。それがやがて、『ロード・オブ・ザ・リング』へとつながっていったわけ。そういうことが100回に1度、いや1000回に1度でもあるためには、「金は出す、口は出さない」を続けていくしかない。

ホーク　しかし、最近はあまり「ベルリン映画祭で金熊賞受賞!」バーン！みたいな宣伝を見ないですね。ミニシアターが少なくなったせいもあるんでしょうけど。この前聞いたのは、映画館の上映予定が2年先までいっぱいだと。予定が詰まりに詰まって、かけられる作品に極めて限りがあるという。**うちは1本これをやります、という場が減っている**んでしょうね。シネコンにはかけづらい作品も数多いでしょうし。

　ヨシキさんや僕がもう5～6年ぐらい、毎年「未体験ゾーンの映画たち」という企画にかかる映画の予告を全部見るというイベントをやっていますけど、開始当初は作品数20本くらいだったのが、今は60本。予告60本ぶっ続けという。

ヨシキ　完全に体力勝負になってるね（笑）。

ホーク　以前はイベントも19時半開始だったのが、今は17時から。まだ外が明るいんですけどって。でも、そうやって一箇所で大量に処理しなきゃいけないぐらい、映画が上映さ

★16　『ブレインデッド』
92年・ニュージーランド／監・脚：ピーター・ジャクソン／脚：スティーヴン・シンクレア、フラン・ウォルシュ／演：ティモシー・バルム、エリザベス・ムーディ、ダイアナ・ペニャルヴァー
　過保護の母親・ヴェラは息子・ライオネルの恋路を邪魔するために、彼のデートを尾行して動物園へ。そんなことをした因果応報か、猿に噛まれるヴェラ。猿の恐ろしい病原体でみるみるゾンビに変異する。困りながらもマザコンのライオネルは介抱を諦めず、自宅の地下室に隔離したが、ヴェラは家に訪れる人を食い散らかし、ゾンビがどんどん増えていってしまう。ライオネルは恋人を守るため、一念発起してゾンビの始末に乗り出す。プール一杯分はあろうかという流血と、人体破壊が凄まじいスプラッター・コメディ。

れる場所が減っている。

ヨシキ　配給会社も、とても苦労しているという話はよく聞く。シネコンでかからないものを、どうやって劇場で回していくか。円安なのも良くないよ。たまには円高にならないと、映画の権利を買い付けるのもどんどん大変になる一方だから。

ホーク　本当にね。いまだに1ドル100円のつもりでアマゾンで輸入して、請求書を見て「うわっ、高っ！」ってなる。

ヨシキ　耳が痛い（笑）。

第四章　世界がディズニファイされていく

マーベル・エンターテインメント、ルーカスフィルム、21世紀フォックス……名だたる映画会社を傘下に収めた、ディズニー帝国の快進撃が止まらない。２０１９年世界興行収入ベスト10のうち、実に７つをディズニーによる配給作品が占め、ここ10年で世界興収１位を獲得したディズニー以外の作品は、『トランスフォーマー／ロストエイジ』『ハリーポッターと死の秘宝』『アバター』のわずか３つしかない。さらに映画のみならず、ディズニーランドなどのレジャー施設、膨大なグッズ展開、ＩＰを起点にした版権ビジネスなど、その覇権はあらゆる領域に侵食しつつある。

しかし、これだけの超エンタメ産業体と化したディズニーは、むしろ最もエンターテインメントからかけ離れた企業に変質していきつつある。実写版『ダンボ』、実写版『アラジン』、実写版『ライオン・キング』など、製作するのは自社作品のリメイクやスピンオフ、あるいは誰からも求められていないような続編ばかりだ。

数年先まで何十本もラインナップを並べて製作し、劇場を押さえ込む超ブロックバスター体制によって、映画本来の多様性に暗雲が立ち込めていないか。Netflixの向こうを張った「Disney+」は成功を収めるのか。ディズニー帝国の覇権が強まる流れは、映画にとってのディストピアをもたらすのか。ディズニーから、映画界の明日を占う。

ディズニーの席巻はいつからか?

――2019年の興収を見ると、上位に入っているのはディズニー映画ばかりです。

ヨシキ　ディズニーは巨大産業なので、一口に「ディズニー」と括ってしまうことの危険性は常に意識しておきたいんだけど、とはいえ**最近のディズニー映画の趨勢を見てると、本当にどうなってんだ?**　と思わざるをえない。『スター・ウォーズ』シークエルがいい例で。

ホーク　どこまでディズニーの影響なんですかね。

ヨシキ　でも、ディズニーは自社「製品」としての『スター・ウォーズ』に、会社として決裁を下してるわけでしょ。

ホーク　まあねえ。『スター・ウォーズ』が思わぬことになったからといって、キャスリーン・ケネディをクビにしようとは決してならないわけですからね。

ヨシキ　キャスリーン・ケネディの政治的立ち回りにおけるカンの良さ、というのもあるかな。むしろ政治的に立ち回ることだけはうまいっていうか。しかし、ディズニーがここまでイケイケドンドンになったのは比較的最近だよね。実写作品だと、2000年代初頭はまだエディ・マーフィの『ホーンテッド・マンション』(03年)とかをやっていた。『フラバー』は1997年か。それでも同時期に、優れたアニメーション映画もしっかり作られている。

ホーク　そうね。それが2010年代になると、ティム・バートンが『アリス・イン・ワンダーランド』★1などなど、適当な仕事をし始める。これは『ダンボ』につながる話ですけど、バートンはいつからああなってしまったんでしょう。あの人はいつまでが良かったのかしら。

ヨシキ　それも一概には言えないなぁ。誰でもそうだけど、そこまでコンスタントに傑作ばかりものにできるわけではない、ということも考えないと。「誰々はいつからダメになった」という物言いは文学でも音楽でも絵画でも映画でもあるけど、そういう物言いに妥当性がどこまであるかといえば、基本、あんまりないんじゃないかと思っている。

　誰しも創作を続けていく中で波があると思うし、「期待したものと違った」というだけでこっぴどく叩かれる場合も多い。ティム・バートンなんかいい例で、観客それぞれが思ってる「ティム・バートン映画」像があって、それから外れると「ダメになった」って言われるんだけど、それはいくらなんでも雑すぎる。

――ただ、『アリス・イン・ワンダーランド』が、ここ10年のディズニーのあり方を決定づけたなって感じはしますね。

ヨシキ　『マレフィセント』★2みたいな映画が**「作られてしまう」方向へシフトした**と。ええと、2000年代初頭あたりはなんだっけ……えっ、嘘、『サンタクロース2』なん

★1　『アリス・イン・ワンダーランド』
10年・米／監:ティム・バートン／脚:リンダ・ウールヴァートン／演:ミア・ワシコウスカ、ジョニー・デップ、ヘレナ・ボナム=カーター、アン・ハサウェイ
　ルイス・キャロルの『不思議の国のアリス』『鏡の国のアリス』から13年後のお話。19歳になったアリスは、貴族の御曹司からプロポーズされて逃げ出すと、再び不思議の国に迷い込んだ。その世界はかつての姿から一変し、赤の女王に支配されたディストピアになっていた。16年には続編『アリス・イン・ワンダーランド／時間の旅』も製作された。

★2　『マレフィセント』
14年・米／監:ロバート・ストロンバーグ／脚:リンダ・ウールヴァートン／演:アンジェリーナ・ジョリー、シャールト・コプリー、エル・ファニング、サム・ライリー、ジュノー・テンプル
『眠れる森の美女』のヴィラン

てあったのか（『サンタクロース・リターンズ！クリスマス危機一髪』02年）。バッカじゃなかろうか。でもまあ『バンビ2』があることを考えたら、それも通常運転の範疇なのかな。そういえば『ナショナル・トレジャー』（04年）というのもあった。

ホーク　なぜかブラッカイマーとの謎の合体がありましたね。

ヨシキ　「カリブの海賊」の映画化もそうだもんね。しかし、なんで馴染み深い「カリブの海賊」を使わずに、『パイレーツ・オブ・カリビアン』にしちゃったんだろ。ゲーム原作の『プリンス・オブ・ペルシャ／時間の砂』（10年）というのもあった。あっ、それを言ったら同じ年に『トロン：レガシー』という爆弾もあった。２０１２年の『（火星の）ジョン・カーター』は、僕は好きだけど評価は散々だった。

　でもやっぱり、そんなころでも『くまのプーさん』（11年）のような素晴らしい作品もあったり。アシッド感高めのサイケデリックな感じで良かったな、『くまのプーさん』は。２０１５年にはやっぱりディズニーランドのアトラクション……というか、区画の映画化で『トゥモローランド』も登場。

ホーク　調子に乗っている。ディズニーのライブアクション路線。

ヨシキ　そしてついに、**ニュー・ディズニーの『美女と野獣』の「実写化」に手をつけてしまい、地獄の扉が完全に開いた**と。〝実写〟の『アラジン』、〝実写〟の『ダンボ』、さらに〝実写〟の『リトル・マーメイド』も製作中。『メリー・ポピンズ』の続編『メリー・

であるマレフィセントを主人公に、彼女の視点からリメイクされた。妖精の国生まれのマレフィセントは、人間社会で育ったステファンと婚約をしていた。しかし、この交際はステファンの謀略。自らの野心のためにマレフィセントの翼をもぎ取り、王に献上したことで、次期王座が約束された。悲嘆にくれたマレフィセントは、ステファンの赤子であるオーロラ姫に「16歳の誕生日に死ぬ呪い」をかける。2019年に続編『マレフィセント2』も公開。

ポピンズ リターンズ』もやってしまった。素晴らしいディズニーの文化遺産を、ディズニー自身が食い潰している。『バンビ』の〝実写〟もやる予定があるらしいけど、本当にやめてほしい。

資本主義が当たり前、映画が製品となった世界

ヨシキ　ディズニーに限った話じゃないけど、後期資本主義、あるいは末期資本主義になって、資本主義が文字通り暴走している感がすごくある。スラヴォイ・ジジェク★3が言うように、**資本主義があまりにも「自明のこと」と見なされていて、そうでない世界などありえないかのような感覚にみなが陥っている。**ジジェクは「世界の終末を想像するより、資本主義の終わりを想像することのほうが今や難しくなった」と言ったんだ。冷戦が終わって以降、その感覚がすごい勢いで加速して、資本主義が何もかもを飲み込んでしまう。映画も「商品」や「製品」としての側面ばかりが強調されるようになり、観客も「製品」を消費するようにして作品と向き合うようになった。あるいは「製品」をチェックする検品係のような目線を持つようになった。

ホーク　確かにやたらと売れた、売れないということを観客が気にするようになった感はありますね。

ヨシキ　作品を褒めるにせよ貶《けな》すにせよ、なぜかその作品が生まれるにいたった社内事情

★3　スラヴォイ・ジジェク　1949年、スロベニア生まれ。ラカン派の思想家。文学や映画についての評論活動も行う。2000年代以降は、マルクス主義を再評価する立場からの研究も行い、反資本主義的立場を取る。

みたいな話が普通に出てくる。研究者とかならわかるよ。だけど『スパイダーマン』観るときに、マーベルのお家事情を知ってるかどうかは関係ないはずだよね。

ホーク おそらくマーベル・スタジオが始めたんでしょうけど、**向こう3〜4年のロードマップをバーンと出す**でしょう。「こんなに作ります、3年先まで決まっています」って言うじゃないですか。あれは昔、エンパイア・ピクチャーズ★4とかがやっていた、これだけ作るからお金ちょうだいってヤツと同じですかね。

ヨシキ うん。簡単なシノプシスと派手なポスターで企画を売り込み、出資者を募るやり方。

ホーク それをカンヌとかでやっていたじゃないですか。

ヨシキ マーベルはそれより、車の会社とか、アップルの新製品発表会みたいな感じ?

ホーク ああ、そんな印象を受けましたね。でも、マーベル・スタジオがそれをやったのは、まだなんとなくわかる気がするんです。ディズニーに買われる際々《きわきわ》のところで結果を出していかなきゃいけないので、うちはこれだけやりますって、ぶち上げる理由があったと思うんだけど。しかし一昨年くらいに、親会社のディズニーがまるで同じことをやったじゃないですか。ビックリしたわけ。マーベルから、スター・ウォーズから、自前のディズニーから、全部3カ年計画で、『ダンボ』とか『メリー・ポピンズ』とか、バーンと並べて、もう空いた口が塞がらなかった。なぜそんなことをする必要があるのか。

★4 エンパイア・ピクチャーズ チャールズ・バンドが1983年に設立した映画会社。『フロム・ビヨンド』『ZOMBIO/死霊のしたたり』『パペット・マスター』などの心あるホラー映画を多数製作。しかし90年、『ロボ・ジョックス』の製作でコスト超過が災いし、会社は倒産。チャールズ・バンドは新たにフルムーン・ピクチャーズを設立し、エンパイアの意志はこちらに引き継がれている。

ない。

――そうですよね。もはや単なる商品説明じゃないかと。ジャパネットたかたと変わらない。

ヨシキ それも資本主義社会が永遠に続く中における、不老不死の存在としての法人というか、企業に対する信仰が揺るがないからだよね。地獄のサイクルを永遠に回し続ける決意でもある。

――とにかく大きくする、大きくして続ける、というのがボブ・アイガー★5の方針なんでしょうか。

ヨシキ ボブ・アイガーはピクサーを買収して、それからルーカスフィルムも買収して。って、全部ルーカスが作ったものをあとから買い叩いてるだけじゃないか！（笑）

ホーク さらにマーベル・コミックも買っちゃえという。あれも結局、**全性年齢別に受ける弾を、うちはすべて揃《そろ》える**って話でしょう。

ヨシキ 広告屋の発想だよね。

ホーク 確かに。

ヨシキ 広告的な言葉遣いも、みんながするようになった。「この映画のターゲット層は」って、誰の目線なんだ！

ホーク ターゲットに刺さるって、刺すなよ、危ないな（笑）。

ヨシキ ホークは広告の仕事してるし、僕も広告の仕事は何年かやっていたことがあるか

★5　ボブ・アイガー
本名、ロバート・A・アイガー。1951年、ニューヨーク州生まれ。74年にABCテレビに入社。89年にはABCエンターテインメントの社長に就任。94年にはABCグループ社長にまで登りつめる。96年、ウォルト・ディズニー・カンパニーがABCを買収した後、2000年に彼を最高執行責任者に抜擢。06年にはついにディズニーのトップであるCEOの座を得る。就任以降、06年にピクサー、09年にマーベル、そして12年に『スター・ウォーズ』の権利を獲得、さらに19年には20世紀フォックスを買収。ディズニーを巨大メディア・コングロマリットにするための買収攻勢を仕掛けた。

ら実感としてわかるけど、広告屋のロジックって基本的には方便に過ぎないからね。マーケティングだって後付けの方便でしかないことがいくらでもある。ディズニーの〝実写〟リメイクとかも、そりゃあ大層なマーケティング資料が山のようにあるんだと思うけど、実際にやってることは**過去の文化遺産に対する攻撃**だと言っていいと思う。自殺行為に等しい。

なぜって、そこには「文化」に対するリスペクトがないから。そういうリメイクも、世界的に大ヒットはするかもしれない。だけど、それを作って売ったことで生じたダメージは計り知れないし、そういうことをする会社だと思われるという意味で、ブランディング的にも良くないと僕は思う。

――ディズニーが掲げる言い分としては、かつてのクラシックがもはや現代人の鑑賞に堪《た》えないから、延命させるためにリメイクをしているんだと。

ヨシキ　「現代の観客の鑑賞に堪えない」って誰が決めたんだろう。全然そんなことないよ。なんか「シェイクスピアの演劇は現代人の鑑賞に堪えないから、現代を舞台にして、ついでに作品の時代背景を無視して形だけの多様性を放り込んだティーンエイジャーのドラマにしましょう」とか言ってるようにしか聞こえない。

しかし、「現代の観客の鑑賞に堪えない」はすごい言葉だな。歴史の否定に限りなく近い。「今」「ここ」における「金儲け」しか考えてないと、そういう不遜なことが言えるようになるのかな。そんなことを繰り返していたら歴史に対する認知が歪むだけじゃないの？

それより、**新たな神話、新たな物語を紡いでいけばいい**と思うんだけど。人種差別や性差別が激しかった時代の物語に、イージーにカギカッコつきの「多様性」をぶち込んだら、それこそ抑圧の歴史そのものが無化されてしまう。いいじゃん、これからいろんな人種、いろんな性別のヒーローやヒロインや、あるいは「ヒーロー」とか「ヒロイン」とかいう分類に収まらない英雄を描いていけば。

ホーク　しかし、ディズニーは年1～2本のペースで、クラシックのリメイク、続編か、アニメ作品のライブアクション化をやっているじゃないですか、ここ数年。

ヨシキ　「自分の足を食うタコ」そのものだ。

ホーク　実写版『ライオン・キング』あたりで、いよいよ違和感が明らかになってきた気がします。あちこちの批評なんか読んでいると、**そもそもアニメの名作を今、実写化するという、そのポイントはなんなんだろう**という指摘がわりとある。わざわざ実写で何をやりたかったのか、そこは俺も確かに不思議です。あれは何かしら。実写に限りなく近づいたアニメ、ということがやりたいんですかね。

ヨシキ　厳密には全然「実写」じゃないけどね。

ホーク　結局はCGアニメですからね。ライブアクションの人間も素材に過ぎない。

ヨシキ　うまくいった作品がないとは言わない。『ジャングル・ブック』はすごく良かった。

でも『メリー・ポピンズ リターンズ』とかね……なんだろうな、あの「昔の名作によく似た、なんだかよくわからないものを延々と見せられている感じ」というのは。マーク・シャイマン★6の音楽もすごくて、もう超『メリー・ポピンズ』っぽいんだけど、**凄腕の職人が作った贋作を見て「おおー！ 本物みたい！」という、屈折した「感動」**しかそこにはない。

ホーク そこになんの価値があるのか。

ヨシキ 本来、不必要な「続編」や「リメイク」が「正統性」を主張するためには、そうするしかないってことじゃないかな。その意味で『メリー・ポピンズ リターンズ』は『ローグ・ワン／スター・ウォーズ・ストーリー』によく似ている。「77年のオリジナル版の『スター・ウォーズ』に出てきたのと寸分違わないスター・デストロイヤーをCGで作りました！」と言われて、「おおー！ 本物みたい！」と「感動」するわけ。

マーチャンダイジングで埋め尽くされる

――みんなが知っているアニメが実写化されます、安心です、という売り方が蔓延《まんえん》して、今やそれが当然になったという流れでしょうか。

ホーク それこそ性年齢別でいえば、いわゆる『G』というヤツですね。みなさんご存知のヤツですよ、ご家族全員で観られますよと。

★6 マーク・シャイマン
1959年、ニュージャージー州生まれ。作曲家、音楽監督で、映画音楽では『シティ・スリッカーズ』『アダムス・ファミリー』『天使にラブソングを』『ア・フュー・グッドメン』『ファースト・ワイフ・クラブ』『サウスパーク／無修正映画版』『パッチ・アダムス』などのサウンドトラックを製作。ミュージカル『ヘアスプレー』ではトニー賞を受賞。

ヨシキ　ついでにご家族全員向けにグッズもございます、という。ここ20年くらいのマーチャンダイジングの加速度のものすごさ、というのは驚くべきものがあって、もう**マーチャンダイジングがパンデミックを起こしてるような状態**になってる。だって、道を歩いてて『MARVEL』とか『STAR WARS』ってロゴが入ったTシャツを着てる人を見かけない日がないんだよ！　信じられないことだよ。早い話、現実世界がディズニーランド化している。映画の柄とかスタジオのロゴのTシャツなんて、昔は全ッ然なかったと言っても、もはや誰も信じてくれないんじゃなかろうか。

Tシャツというのは、伝統的にステートメントの表明であったり、ファン同士がお互いを見分ける機能を有してたりしたんだけど、そういう意味合いも限りなく破壊された。だって誰でも着てるし、どこでも売ってるんだから、希少性とか派閥性に基づいた意味合いがあろうはずもない。

ホーク　もはやどこでも売っている。ユニクロ、しまむら、コンビニにドン・キホーテ、ヴィレッジヴァンガード、などなど。似たようなものがおおむね1980円くらいで。

ヨシキ　まあ、もともと日本にはステートメントの表明としてTシャツを着る、というカルチャーが定着していなかったこともあるだろうし、Tシャツに書かれたアルファベットの意味について無限に無頓着だということもある。そこへいくと『STAR WARS』とか『MARVEL』の場合は、大方の人が目にしたことがあり、なんのことだかわかってるということで、余計売れるということもあるのかな。

ホーク ブランディング的な意味で言えば、ディズニーもそろそろ考え直したほうがいいぞと思うんですよね。マーベル・ロゴやスター・ウォーズのロゴがついた野球帽にしても、そろそろ「dj honda」のキャップみたいなものになりつつあるんじゃないか。「dj honda」わかります？

ヨシキ 全然知らない。（画像を検索して）あ、これか！ かつてのマジソンスクエアガーデンのバッグみたいなノリ？

ホーク みたいなもんです。最初のうちはまだしもオシャレアイテムだったんでしょうけど、最終的には場外馬券売り場で、知らないオッサンがかぶるものになった。

ヨシキ ポップ・カルチャーの宿命でもあるけどね。過激なパンクでもメタルでも、いつの間にかショッピングモールのミューザックに取り込まれていくみたいな。

そんな中で、逆にじゃあコアなファンはどうするかっていうと、やっぱり何かしらの差別化を試みているというか、エクストリームな方向に進化していくということがあるのは面白い。ディズニーランドに行くと、お気に入りのキャラの小さいぬいぐるみを、100個も200個も全身にくくりつけて歩いているマニアの人たちとかがいたりして。全部かどうかわからないけど、ほとんど同じものをだよ。あれもまた日本独自のエクストリーム・デコ・カルチャーの表出なのかな、とっても面白いと思った。ディズニーランドでは普通のお客さんも上から下までディズニーだもんね。

ホーク　言われるがままにテンションが上がって、金を遣ってしまうという。

ヨシキ　僕もディズニーランドでは、言われるがままにテンションが上って金を遣って来るけどね！（笑）。

ジョン・ラセターに漂う仄暗さ

――あと重要人物は、ジョン・ラセター★7ですかね。

ヨシキ　おっと、#MeToo案件。ジョン・ラセターについてはわからないことも多い。自分で言ってることも含めて「伝説化」が多くて。最初はディズニーでアニメーターをやっていて、それからルーカスフィルムで3DCGアニメーションの嚆矢『アンドレとウォーリーB.の冒険』（84年）に参加、3DCGの「キャラクター」を初めて用いた実写作品『ヤング・シャーロック／ピラミッドの謎』（85年）にも関わってる。だからまあ、CG技術の発展とともに歩んでいる人だけど、脚本に参加するようになったのは『トイ・ストーリー』（95年）から。

ホーク　『トイ・ストーリー』の脚本は、ジョス・ウェドンが書き直したといいますね。

ヨシキ　レックスのキャラクターを作ったのもジョス・ウェドンだとか。ジョン・ラセターといえば、かなり以前にテレビのワイドショーで、リポーターがピクサーの社屋を案内す

★7　ジョン・ラセター
1957年、カリフォルニア州生まれ。大学卒業後、アニメーターとしてディズニーに入社。80年代にいち早くCGアニメーションの可能性を研究するも、社内の部門閉鎖を求める声によってプロジェクトは打ち切りになり、ラセターもクビに。84年、折良くCGアニメーターの求人を出していたILMに入社するが、すぐに同部門がスティーヴ・ジョブズに買収され、ピクサーへと改組される。ラセターも移籍し、ピクサーの初作品であり、ラセターの初監督作品でもある『ルクソーJr.』（86）を製作。この実績が認められ、ピク

るようなものがあって。もう15年以上前かもしれないけど。そこで明るいディストピアとしての素晴らしいピクサーの設備をいろいろと紹介するわけ（笑）。カフェテリアも充実してるし、遊戯室もあって……って、**それ全部、社員を軟禁するためのシステム**じゃんか！

それはともかく、そこで登場したラセターが、「僕は昔から本当にオモチャが好きで好きで、ほら見てよ、僕のオフィスもオモチャで埋まってるんだ！」って、その部屋が『トイ・ストーリー』はじめ、自分のところのマーチャンダイジングばかりだったのには驚いた。全部宣伝なんだよ。そのときからジョン・ラセターには、そこはかとない不信感をずっと持っていたんだけど、なんだかねえ。

ディズニーに関しては、世界各地で都市が殺菌・消毒されてテーマパーク化していくことを指して「ディズニファイ（ディズニー化）」と言うように、**今やウォルト・ディズニーの考えた潔癖主義のテーマパークのコンセプトが現実をどんどん侵食している。**もちろん、ディズニーの映像作品は全部ディズニファイされてるものだから、何が映っているか、何が表現されているかも大事だけど、何が語られず、何が描かれていないのかを考える必要がある。

——最近だと、『シュガーラッシュ：オンライン（2）』のインターネット空間も気になりました。ネットの何から何まで再現したというわりに、なんでPornHubがないんだと（笑）。

ヨシキ　PornHubもXVideosもRedTubeもないインターネット空間があってたまるか！

サー初の長編CG劇場用映画『トイ・ストーリー』（95）の監督に抜擢される。以降、『トイ・ストーリー2』『カーズ』などを監督しながら、ピクサーの主要作品で製作総指揮に名を連ねる。2017年、ピクサーの女性社員に抱きつくセクハラ行為が発覚し、翌年ディズニーからクビの通告が出された。現在はスカイダンス・プロダクションズが設立したアニメ部門のトップに就任。

まあトラフィックが異常に軽そうな世界ではある。

——現実のインターネットの占有率を見れば、絶対にそこは大きいですからね。

ヨシキ　ディズニー映画の海賊版が猛スピードでやり取りされている、BitTorrent特急便はどこを走ってたんだろう（笑）。

ホーク　『シュガー・ラッシュ2』は、みんなが最初の映画で良かったなと思ったところを、ことごとく台無しにしたじゃないですか。それは『スター・ウォーズ／最後のジェダイ』や『スカイウォーカーの夜明け』にも通ずるものがある気もするんですけど。

ヨシキ　古いアーケードゲームの部品をなんとかゲットするために、インターネットで詐欺する話だったっけ。

ホーク　そして、主人公のラルフがどんどんキモい男になっていく。ヴァネロペちゃんっていう幼女にストーキングする、気持ち悪い中年男みたいな。

ヨシキ　早くも#MeTooの気配が漂ってきたぞ！

——『トイ・ストーリー4』の脚本もジョン・ラセターですけど、どっちも同じことを語っていますよね。オチも、自分が生まれたところが本来の居場所じゃなくて、違う場所に居場所があるんじゃないかって、『シュガー・ラッシュ2』『トイ・ストーリー4』『アナと雪の女王2』はみんなそういう話になっていきます。

ホーク　そういう寓意はわからないでもないけど、じゃあ1作目が台無しじゃないかと。

そもそもそんな話だったかなあって。

ヨシキ　せっかく1作目のラストで、これまでキャラ選択できなかったヴァネロペちゃんが選べるようになったのに、すぐにまたいなくなっちゃうわけだよね。

ホーク　女性を出しましょう、マイノリティーを出しましょうと、ダイバーシティを重視しているのはわかるんだけど。いろいろと未消化のまま、ただ要素だけをぼんぼん入れ込んでいる気がして。

ヨシキ　今は過渡期だから、そういう表現がまだ「ニュースになる」ってことだろうね。本当はそういう多様性への取り組みが、「ニュースにならない」世界を目指してるわけでしょ。それなのに、それが**「ニュースになる」ことを当て込んで作っているのが透けて見える**のは居心地が悪い。しかし……しかし、それでも、「ない」よりはずっとマシだということは言える。

ホーク　全編韓国語の『パラサイト』が世界的に評価されている時代に、実写『ムーラン』は全編みんな英語をしゃべるんですかと思うところもあるし。

ヨシキ　ディズニーは色鮮やかな幻想を見せてくれるけど、その幻想にはハッキリとした限界がある。にもかかわらず、それがすべてであるかのような錯覚を生じさせるのに長けているのかもしれないな。自由度でいったら、実際のところはとても低いと思うけどね。

挑戦を忘れたディズニーの危機

ホーク　コリン・トレボロウが書いた『スター・ウォーズ／エピソード9』の脚本がリーク★8されました。公開された映画よりは、まあこっちのほうがいいかなとは思ったものの、それでもあんまり面白くはないかなと。

ヨシキ　『エピソード9』でボツになったアイディアの中には面白いものもある。採用されなかったプロダクション・スケッチも観られるけど、「あれっ、こっちのほうがずっといいじゃん！」というビジュアルも多い。完成した映画があんなだっただけに、余計惜しく思えるのかもしれないけど。

――結局あれは、レイの承認欲求が満たされて終わるようなものでしたね。

ヨシキ　最後、ルークとレイアの幻影が夫婦然として出てくるのもどうかと思いますよ。1作目の「おまじないよ」とか、『エピソード5／帝国の逆襲』の見せつけキスだって、いまだに「兄妹であれはどうなの？」と言われ続けているというのに、**最後の最後でそれをダメ押ししてどうするんだ**、という。

ホーク　妄想です。妄想。

ヨシキ　カイロ・レンに対して父親ハン・ソロの幻影が、「そう、私はお前が作り出した幻影なのだ」って自分で言うのにもずっこけたけどね。

★8　脚本がリーク
相違点をごく短くまとめると、ラスボスとしてパルパティーンのクローンは登場しない。カイロ・レンが真っ当なヴィランとしてレイの前に立ちはだかる。「レイのアイデンティティを探す旅」という骨子自体は同じくしつつ、「スカイウォーカー」の名を引き継ぐのではなく、「ソラノ」という自らのファミリーネームを発見する。ダース・ベイダーも登場する予定だった。以上は初校の内容で2校、3校はまた異なる。

――女性同士のキスが最後に出てきました。

ヨシキ　その場面は中国公開版ではカットしてる。

ホーク　もともと切りやすいように入れてあったんですね。

ヨシキ　ディズニーは本当、どうしていいかわからなくなってるんじゃないかなと思うときがある。巨大産業になりすぎた結果、チャレンジングな企画が単なるリスクとしか見なされなくなってしまい、結果として誰も望んでいない古典的なアニメーションの「実写版」が量産されていく。無茶なギャンブルをしろとは言わないけど、彼らにとっての安牌《あんぱい》しか作られない状況が長く続くことは、クリエイティブ部門の士気にだって影響してるはずなんだ。

――ソニー・ピクチャーズ製作の『スパイダーマン：スパイダーバース』は、新しいアニメーションをやっていましたね。3DCGで2Dのアニメを再現しようという。

ヨシキ　ディズニーも実写と見まごう『ライオン・キング』や、『ダンボ』を作る前に、やることがあったんじゃないかと思うけどね。『スパイダーバース』みたいなものを作れる環境自体がすでに失われてしまっているとは思いたくないけど。

クラシックを上書きするのは、すでに評価や人気が確立しているものを再生産することでリスクを減らしたいということだけど、見かけ上の「正統性」が担保される一方で、**クラシック作品の価値を毀損している**という見方もできる。ディズニーのクラシック作品は、今でも世界中で観られ続けている。まあ、その知名度と人気を自らエクスプロイトしちゃっていってるけど、そんな焼畑農法をやってたら、ペンペン草も生えなくなっちゃうよ。**そもそも誰一人、「『メリー・ポピンズ』の続編が観たいなあ」「〝実写〟のダンボが観たいなあ」なんて思ってなかったよ！** 誰の期待に応える作品なのか？ そこから利益を得る人の要望に応えてるだけなんじゃないの？

ホーク 企画力のなさに尽きると思うんですよね。

ヨシキ どうせリメイクするなら『ブラックホール』★9とかにすればいいのにね（笑）。

ホーク そこだけは触ってほしくないんじゃないですか。2021年公開の実写映画、『ジャングル・クルーズ』。ザ・ロック主演。

ヨシキ おっ、そうすると、「カリブの海賊」にジョニー・デップのアニマトロニクスが追加されたみたいに、ディズニーランドの「ジャングル・クルーズ」にもロック様のアニマトロニクスが随所に投入されるのだろうか。

ホーク じゃあいいか（笑）。

ヨシキ じゃあいいか（笑）。サイに追われて木の上に逃げてる人たちも、逃げなくて済むようになるかもしれない。ザ・ロックが一撃でサイを粉砕してさ。

ホーク そうね、角々でロックが猛獣を懲《こ》らしめている。楽しそうだな。

★9 『ブラックホール』
79年・米／監：ゲイリー・ネルソン／脚：ゲイリー・デイ／ジェブ・ローズブルック／演：マクシミリアン・シェル、アンソニー・パーキンス、ロバート・フォスター、アーネスト・ボーグナイン
『スター・ウォーズ』のヒットを受けて、ディズニーが満を持して送り出したSF超大作。テラフォーミング可能な惑星を探索するNASAのクルーたちは、巨大なブラックホールに遭遇。しかもその近くには、数十年前に姿を絶った宇宙船・シグナス号もあった。探査船はなんとかシグナス号に辿り着くが、そこには仮面ヒューマノイド軍団と、ロボットたちを従えたマッドサイエンティストが待ち受けていた。ブラックホールに吸い込まれるクライマックスは必見。あまりにディズニーらしからぬ作品で、公開当時のキャッチコピー〈もうすぐ宇宙は発狂する。〉も本当にディズニーとは信じられない。

ディズニーランドのやりがい搾取

――ダイバーシティと言っているわりに、ディズニーランドは従業員の待遇が悪いとも聞きますね。日本でも、アメリカでも。

ホーク　去年あたり、東京ディズニーランドに行ったらえらい勢いで拡張工事をやっていたんですけど、**昔のように工事現場を隠していない**んですね。あそこは、ラスベガスのカジノホテルと一緒で、もともと外が見えないようにしていたでしょう。お客を囲い込んで、ここは周りの世界と一切違います、だから全部忘れてお金を使ってくださいってやっていたけど。最近は、もう工事の足場なんかが見えている。その後、新型コロナウイルスの影響で休園して、今どうなっているのかはわかりませんが。

ヨシキ　いくつものゾーンを並行して改築・増築しているから、そこまで手が回らないのかな。予算が足りないってことがあるのかわからないけど。あるいは、「新しいゾーンを着々と作ってますよ」という宣伝効果を考えたら、見えないようにしておくよりあえて見せたほうがいいという判断？　ことディズニーランドだけに、それはないと思いたいけど。

ホーク　何か弛緩《しかん》した雰囲気がありましたね。楽しいパレードをやっているすぐ横の足場で、ニッカボッカ履いた人が、わっさわっさと働いているわけですよ。

ヨシキ　ディズニーランドのゴミ係の人とか、本当に大変だと思う。ちょっとゴミをポイ捨てすると、ホントに秒単位で誰かがやってきてサッサと片付けてしまう。そうそう、今じゃ信じられないと思うけど、30年くらい前のディズニーランドは歩きタバコもできました。

ホーク　今はゴミの掃除も緩くなっている気がしましたね。久しぶりに行くと、けっこうゴミが落ちているなと。まあそれでいいんじゃないかと思いますけど。あそこで働いている人たちは、始業時間きっかりにはもう準備万端整えていないといけないというでしょう。長い長い通路を通って現場に着いて、身支度を整えて、やっとタイムカードを押せると。支度の時間は勤務時間にカウントされないんだという話を聞きましたよ。

ヨシキ　ユーロディズニーは従業員がみんなマイペースだという話を、前にテレビかなんかで観たことがあったな。アメリカ式のマニュアル接客術に全然従おうとしなくて、自分たちの好きなようになっていると。お仕着せの挨拶もしない感じで。

ホーク　それでいいと思う。

——日本のディズニーランドからは、オリエンタルランドイズムというか、ワタミみたいな感じを受けますね。

ヨシキ　求人広告の「私もディズニー・キャスト」とかそういうのね。おみやげの物販は「マーチャンダイズ・キャスト」で、整備係は「メンテナンス・キャスト」。本来「スタッフ」と呼ぶべき職種を**「キャスト」と呼ぶことで、現実とかけ離れたイメージで人集め**をしている。

ホーク　「ありがとうを集める」。「夢を集める」。

ヨシキ　夢で思い出した。もう20年以上前、深夜テレビでディズニーランドの新人研修のドキュメンタリーを観たことがある。いかにも「良きこと」のような体だったけど、これがすごくてね。新入社員の若者たちが、1週間くらい――あれは合宿なのかな――毎日のように「ウォルト・ディズニー伝説」みたいなビデオを延々と見せられる。どれほど偉大な人で、その偉大な人の偉大なビジョンを具現化したディズニーランドがいかに素晴らしいものか、というような。

そして最終日。講習が終わる瞬間に、白雪姫と七人の小人が教室になだれ込んできて、もう大騒ぎですよ。みんな**「感動」にむせんで号泣する。まるで自己啓発セミナー。**ヤバいものを観たと思ったな。

――日本では着ぐるみを着ている人が、客にイタズラされて指を折られたらしいんですね。もう働けませんとランドの上司に言ったら、「それくらい我慢しろ、君は心が弱い」と。

ヨシキ　いや、普通に傷害事件じゃないの？　指を折るって、『ウォッチメン』★10のロールシャッハじゃあるまいし。信じられない。

ホーク　東京ディズニーランドはだいぶ特殊ですね。**ディズニー的な超資本主義・帝国主義とワタミ的な夢搾取ブラック労働が、悪魔合体をしている**わけでしょう。最悪だな。

★10　『ウォッチメン』
1986年から執筆された、アラン・ムーアによるコミックス。ヒーローが現実の80年代にいたとすれば、というコンセプトのもと、脱構築的にキャラクターが形作られている。ロールシャッハはそのヒーローの一人でとにかく悪党に容赦せず、尋問の際には必ず相手の指をポキポキ折るのが特徴。09年にはザック・スナイダーの手で実写映画化。19年にはHBOでドラマ化もされている。

ヨシキ　行ったら行ったで、楽しめちゃうのも事実だから困るな。でも、今はディズニーランドのみならず、エンターテインメント産業すべてがそうだからなあ。そういうものすべてに背を向けて、大自然の中でのびのびとクマ相手に相撲を取って暮らすわけにもいかないし……。

プッシャーとジャンキーの関係に？

――それにしても、2019年の映画の興収ランキングがこれだけディズニーに席巻《せっけん》されている中で、『ジョーカー』が大ヒットしたのは面白いですね。

ヨシキ　『ジョーカー』はいろんなことの間隙《かんげき》を突く映画だよね。

ホーク　ランキングに工業製品が並んでいるなかで、うまいことやったんでしょう。

ヨシキ　『ジョーカー』は、ジョーカーじゃなくても良かったはずなんだ。でも、孤独で狂った男の物語をオリジナル企画で通そうとしても通らない現実がある。それが「コミックのヴィランの誕生物語」としてなら通る。しかし、コミック原作映画と『ワイルド・スピード』シリーズばかりが当たってるというのは、**世界のヤンキー化が止まらない**、ということではなかろうか。

ホーク　ヤンキー映画。『ワイルド・スピード』シリーズが毎回毎回、地方でバカ売れするという。

ヨシキ　『スーパーコンボ』はイウォーク対帝国軍みたいで面白かったけど（笑）。話は飛ぶけど、実写のほうの『アラジン』で新たに挿入された歌とか、あとこれは『メリー・ポピンズ リターンズ』についても言えるんだけど、**ミュージカル場面が単なる心情とかステートメントの表明としてしか機能していない**箇所がちょこちょこあるのは気になった。歌ってる間、実際にはドラマが止まってしまっているんだ。

『アナ雪』の「レリゴー」も心情の吐露でありステートメントの表明ではあるけど、そこには彼女が初めて他者の視線や期待から解放されて内心の自由を得ることができるようになった、という「ドラマ」があった。皮肉なことに、その自由さは孤独の要塞に引きこもり、外界と物理的・心理的に遮断されることで初めて手に入ったのだけど。

それが『アラジン』に新しく加わったジャスミン姫の歌は、全然そんなことないわけ。「スピーチレス～心の声」って曲なんだけど、「私、もう黙らない！」って一人で歌ってるんだよ。まさに「心の声」でしかない。子どもは退屈しちゃうと思うな、あれは。

ホーク　考えなしに作っているんですかね。

ヨシキ　オリジナルの『アラジン』では、ジャスミンが悪役ジャファーの気を逸らせるために、セクシーな身振りで近づいてキスする場面がある。ジャファーの男尊女卑的な性質を逆手に取った、それこそ彼女にしかできない戦略なんだ。そのくだりも「実写版」ではスポイルされている。オリジナル版の表現のほうがずっと先を行っていたと思う。

あと『メリー・ポピンズ リターンズ』では、最初のディズニーのロゴにビックリしたな。だって、ロンドンにシンデレラ城みたいなお城がそびえ立ってるんだよ。ディズニー占領下のロンドンってことなのかと思った。イギリスの王族は塔に幽閉されてんのかな。

ホーク 『アラジン』の監督はガイ・リッチー。『ライオン・キング』はジョン・ファヴロー。**世渡り能力とか、調整能力とか、買われているのはそのあたり**なんじゃないでしょうか。『メリー・ポピンズ リターンズ』はロブ・マーシャル監督。

ヨシキ ロブ・マーシャルって誰だっけ……?

ホーク 『シカゴ』★11の人ですね。実力がありつつ、会社の言うことを聞いて事を荒立てない人が起用されているということですかね。

ヨシキ 『メリー・ポピンズ リターンズ』には、どうしても理解不能な歌もあってさ。あるところに、算数が苦手で、他の勉強もできない、とってもバカな王様がいたというんだ。あまりにバカなので、女王が国中の学者を雇って勉強を教えようしたんだけど、マジでバカだから何一つ覚えられない。成果が出せなかったということで、学者は全員処刑される。50人もだよ。

そうしたら、そんな王様に悪党がすり寄ってきて、「そのままの自分が一番いいんだ、自分以外のものにはなれっこないんだから、バカだってそれでいいんだ」と教えてくれたのでした。おしまい。って、これはいったい何が言いたい歌なんだ! マーク・シャイマ

★11 『シカゴ』
02年・米／監：ロブ・マーシャル／脚：ビル・コンドン／演：レニー・ゼルウィガー、リチャード・ギア、キャサリン・ゼタ=ジョーンズ、クイーン・ラティファ
ボブ・フォッシーの名作ミュージカルを、彼のファンだったロブ・マーシャルが念願の映画化。禁酒法時代のシカゴを舞台に、愛人を撃ち殺した魔性のヴォードヴィル・ダンサーが、スキャンダルすら利用してスターダムへ成り上がろうとするピカレスク・ミュージカル。

ンのメロディは素晴らしいんだけど、絶妙な『メリー・ポピンズ』感があって。でも歌詞がねー……。

ホーク　ポル・ポト派みたいなもんですね。

ヨシキ　あまりにビックリしたので、この場面だけ2回観てしまった。恐るべき歌だ。歌詞では「中身が大切」って繰り返し言うんだけど、勉強できなくて何も学べなかったままの「中身が大切」なわけないだろ！　王様の中身は空っぽだ！

ホーク　勉強を教えたけど、全然できるようにならなかった……安倍晋三じゃないですか。

ヨシキ　まさに安倍晋三。そう考えるとさらに恐ろしい歌だな。バカを直せなかった学者がみんな首をはねられて処刑されて……。自分を肯定することは大事だと思うし、ル・ポールも言うように、「自分を愛せない人が、他人を愛せるわけがない」というのもわかるよ。だけどダメな現状を「ありのままに」無限に肯定していたら、その先には破滅しか待ってない。

ホーク　高望みしなくていい、勉強もせんでいいと。ありのままの姿見せるのよ～と。いろいろと問題がありますね。

ヨシキ　しかし、娯楽だけでなく、街自体もディズニファイされていき、着るものや読むもの、ストリーミングで目にするもの、何もかもがディズニー的なものに侵食されていく中で、何がゴッソリと奪われてしまっているのかは考える必要がある。端的に言って、それは自由な思考や表現、想像力だ。『スター・ウォーズ』のシークエルやスピンオフ、『マレフィセント』やその他の映画は、**お話とお話の「間を埋める」ことによって観客が想像する余地を潰していっている。**このことについては、常に自覚的でいる必要がある。

ホーク もうちょっとお金出してくれたら、みなさんの知らないお話を見せてあげますよってことでしょう。

ヨシキ それはプッシャーのやり口だよね。

ホーク Disney+で、映画と映画の間を描くシリーズが始まります！って。

ヨシキ 需要と供給の関係が、**プッシャーとジャンキーの関係に限りなく近づいていっている。**これはディズニーに限った問題じゃなくて、人気のあるフランチャイズすべてがそうなりつつある。

ホーク それにね、こっちはこっちでお金を出しちゃうんだけどね。

ヨシキ 非人間的なシステムと人間の関係を、プッシャーとジャンキーのアナロジーで語ったウィリアム・S・バロウズ★12は正しかったたってことだな。

ホーク かつての映画では、もちろんその上映時間の中で何から何までが語られていたわけではなくて、観客の想像に委ねる部分がいくらでもあったわけでしょう。そこは問わず語りに見せるとか、あるいは1を見せて10をわからせるとか、そういう手練手管があったはずなのに、今は違いますね。あの映画のあそこがわからないと言われたら、「ハイ！そ

★12 ウィリアム・S・バロウズ 1914年、ミズーリ州生まれ。裕福な家に育ち、ハーバード大学に進学。エリートコースに進むかと思いきやドラッグにどハマりし、以降40代にいたるまで家からの仕送りに頼りつつ、ドラッグを買いながら生活する。50年代にアレン・ギンズバーグ、ジャック・ケルアックらビート世代の作家と出会って執筆活動を始め、新聞や雑誌を切り刻んで適当に並べ、出来上がった文章にワイセツテイストを盛り込んだ小説『裸のランチ』でカルト的人気を得る。ドラッグ小説と言われるが、妻を撃ち殺してしまったこともあって、この小説執筆時はドラッグから足を洗い、シラフだったとされる。ガス・ヴァン・サント監督の『ドラッグストア・カウボーイ』(89)など、映画にも出演。97年、83歳で没。

こを埋める新シリーズが配信で始まりまっせ」と。余白をガンガン埋めていく商売。

ヨシキ　これだけ同じようなものが量産されていたら、そりゃ『ジョーカー』も当たるよね。ただ、あの映画だって、異質なようには見えるけど、実のところコミック映画なわけでしょう。「新しいヤバいブツが入ったよ」と言われながら、いつものブツを売りつけられているんだ。

ホーク　あれは監督のトッド・フィリップスにしてからが、「今はどこも映画に金を出さないけど、漫画原作だったら企画が通るんだ」と公言していますからね。「漫画は知らないけど、その枠だけ借りてスコセッシみたいなのをやりたかったんだ」って。「それでまんまと当たっちゃった、ハハハ」って、こちらはぐぬぬ……となりましたよ。

ヨシキ　「スコセッシみたいなことがやりたい」って普通に言えるのもすごいと思うけどね。当のスコセッシはマーベル映画の氾濫には批判的だった。

ホーク　スコセッシのマーベル・スタジオ批判は簡単な話で、**どこかの会社が毎年製作費を2億ドルほど渡してやれよ**と。作品が作れないのが問題なんだから、それであの人もいろいろと言わなくなるからって。

ヨシキ　マイケル・ベイにも毎年そのくらいあげてほしいな。すごいものを見せてくれると思う。

――今は、北米の興行収入の4割がディズニー。さらに、ずっと先まで映画の製作プランを出しているのは、劇場のスクリーンを独占することが目的なわけですよね。もはやディズニーばかりが流れているという状況です。

ヨシキ　ディズニー無間地獄だよ。**ディズニーは映画館の売上も吸い上げてしまう**んだよね。普通ポップコーンとかドリンクの売上は劇場のものであり、それが劇場にとって重要な収入源なんだけど、ディズニーはキャラクターが印刷されたカップなどを提供する代わりに、そこからもマージンを徴収するようになった。あと、一般的に劇場と映画会社の取り分は折半だったのが、たとえば6割とか、あるいはもっと映画会社が持っていくようなことにもなっていると聞く。

でも、劇場としてはディズニー作品を上映できないのはやっぱり困るわけで、足元を見られてしまう。映画によっては、どれだけ不入りでも、一定期間上映しなくてはいけなかったりもする。しかも、あらかじめ一定の収益を上げることが前提になっていたりする。

ホーク　20世紀フォックスを買収したあとに、ディズニーが特に何をしているでもないのも気になりますね。あれはDisney+で配信する弾数が必要だから、そのライブラリーとして、フォックスを買っちゃおうって話だったんだと記憶していますけど。じゃあ20世紀フォックスの映画を見せろと、『コマンドー』を。

ヨシキ　『ロッキー・ホラー・ショー』も20世紀フォックスの作品なので、ディズニー傘下になったことで先行きを心配するファンも多かった。今のところ、ディズニー側の対応が良くて、これまで通りの上映形式を続けられるんで、みんな胸をなでおろしているところ。劇場から引き上げられてしまうのではないかということを危惧していたんだ。

「パブロフの犬」状態になった観客

ホーク 自分も含めてですけど、お客も悪いんじゃないかと思います。**パブロフの犬状態**になっている。マーベルのロゴが写った瞬間に歓喜したりして。

ヨシキ 『スター・ウォーズ』冒頭の「ジャーン！」で涙が出るとかね。さすがに僕もそれはなくなったけど。でも「ジェダイのテーマ」が流れると、ズルいと思いつつパブロフの犬みたいに反応してしまいそうになる。クソッ（笑）。

ホーク しかし、そんな『スター・ウォーズ』だって、もうほぼ毎年何かしらの新作がやってきますしね。

ヨシキ そういうのもドラッグのアナロジーで語れそうだなあ。ドラッグも「あの感覚がまた味わえる」という期待感が人を中毒にさせるんだとしたら、まさにシャブと一緒。しかしドラッグ中毒というのは、そもそもドラッグがなければ欲望も生まれないわけだよね。ないところに欲望を作るのがプッシャーの仕事。そう考えるとディストピア感が高いな。もっといろんな、豊かで幅の広い表現がいくらでもあるはずなのに、「いつものアレ」でハイになって満足するようにさせられてしまっている。多幸感の幻影をつかまされて。

ホーク　同じものを出されて「これこれ、うまいうまい」って。ラーメン二郎みたいなものですかね。「ノスタルジー」という化学調味料を山ほど加えて。

ヨシキ　ああ、なるほど。

ホーク　『ターミネーター：ニュー・フェイト』★13に、30年ぶりにリンダ・ハミルトンがサラ・コナー役で出てきて。

ヨシキ　試写で『ニュー・フェイト』観てたら、リンダ・ハミルトン登場シーンで、横に座ってたわりといい年齢の男がね、もうガッツポーズで「よっしゃー！」とか言ってるわけ。サラ・コナーがフランチャイズに戻ってきたことが、本当にそれほどの歓喜を呼ぶのかと思った。それは果たして自分の欲望なのか。それとも他者に刷り込まれた欲望なのか。

ホーク　寅さんみたいなものですかね。『男はつらいよ』の劇場はいつも大入りで。あんたたち、そんなに好きかって。条件反射で集まっていたんじゃないかと思いますね。

ヨシキ　「あの人がまた出ています！」というのも、**これだけ氾濫するともはや商売っ気しか感じなくなってしまう。**『メリー・ポピンズ リターンズ』も最後のほうで、ディック・ヴァン・ダイク★14が出てくるんだけど、逆に彼が出たことで『リターンズ』が全部まがいものに見えてきたりして。「正統性」を裏打ちするはずのカメオ出演が、作品自体の「正統性」をぐらつかせているような感覚が襲ってきた。

ホーク　『スター・ウォーズ／エピソード9』にも、2つ前のお話で死んだはずのハリソン・

★13　『ターミネーター：ニュー・フェイト』
19年・米／監：ティム・ミラー／脚：デヴィッド・ゴイヤー、ビリー・レイ、ジャスティン・ローズ／演：リンダ・ハミルトン、アーノルド・シュワルツェネッガー、マッケンジー・デイヴィス、ナタリア・レイエス
『ターミネーター2』（91）で語られていた審判の日は避けられたものの、異なる並行未来によって新たな終末の危機が訪れようとしていた。人類の救世主となるダニーを守るため、サラ・コナーと所帯染みたT-800が立ち上がる。劇場版だけでも、『3』（03）、『4』（09）、『新起動／ジェニシス』（15）と公開されてきたはずが、「『2』の正当な続編」というややこしい位置づけで公開された。

★14　ディック・ヴァン・ダイク
1925年、ミズーリ州生まれ。アメリカ空軍のラジオアナウンサーを経て、ブロードウェイの舞台に出演後、CBSのシットコム番組『ザ・ディック・ヴァン・ダイク・

フォードが出てきました。ハン・ソロという記号として、ポンと。**「さあさあ、物語上でグッと来るところだよ！」という目印**ですよね。

ヨシキ そうそう。もう、実際に打つ前に、注射器と粉を見ただけでハイになるみたいな感じ？

ホーク カラオケの字幕みたいなものでしょうか。来るよ来るよ、ハイ、泣くところって。それで、みんな泣く。アメリカのテレビ局で「アプローズ」っていう、ここで拍手という目印が出てくる、あれと一緒ですよね。

ヨシキ 『スター・ウォーズ／ファントム・メナス』で、アナキンが通商連合のコントロール・シップを破壊して、ナブー・スターファイターで脱出しながら思わず歓声を上げる場面があるじゃん。そこにかぶせて初めてジェダイのテーマがかかる。最初観たときには、そこで反射的に感極まってしまったわけ。

でも、その後何度も繰り返し観るうちに、「これはパブロフ的に反応してるだけなんじゃないか」という疑いがだんだん頭をもたげてきた。このシーンでグッと来るように、自分をしつけているんじゃないかと思った。さらに最近は逆に、のちのアナキンの運命を考えたら、あそこでグッと来るのは決して間違っていないような気もしている（笑）。１周回って、素直に感動できるようになった。我ながら面倒くさいと思うけど。

ホーク 『エピソード９』の体たらくを見るとね……。

ショー」で人気を博す。映画俳優にも進出し、ウォルト・ディズニー本人からのオファーもあって、『メリー・ポピンズ』（64）に出演。68年『チキ・チキ・バン・バン』では主演を務めた。『メリー・ポピンズ リターンズ』（18）出演時は91歳。

ヨシキ　シークエルに比べたら、プリクエルはゴールデンですよ。プリクエルに関しては、問題点もあるけど、こっちの見方も悪かったと思って最近は反省してる。どうしても旧三部作に引っ張られてしまっていた。文字通り「旧三部作に引っ張られること」を至上命題にしたシークエルが登場した今、プリクエルのオリジナリティやユニークさはより際立って見える。すみませんでした。

ホーク　今はもう、アナキンのアの字もないじゃないですか。

ヨシキ　アナキンの勇姿は『クローン・ウォーズ』★15で観るからいいや（笑）。

――『ジョジョ・ラビット』★16もディズニー作品でしたね。20世紀フォックスだから。

ヨシキ　『ジョジョ・ラビット』はとても良く出来た映画だと思うよ。カラフルで、グラマラスで、言い訳がましい。ネタがネタだけに、扱い方によってはとんでもないことになってしまいそうなところを、実に巧みにくぐり抜けた映画でもある。でも、ああいう形でファンタサイズして良いものなのか、という疑念は最後まで払拭《ふっしょく》されなかったな。観ていて落ち着かないことこの上ない。「ナチス政権下の日常」はけっこうだけどさ、その「日常」を支えていたのはなんなのか、ということが頭から離れない。

ホーク　どうも最近は、**「戦時下にも普通の人々の、ささやかな生活があった……」みたいなフィクションが、やけにもてはやされている**ように思いますね。そりゃもちろん、日常生活はあったんでしょうけど。戦争を題材にしておいて、その中の「今と変わらぬ日常」

★15　『クローン・ウォーズ』
08年〜20年・米／総監督：デイブ・フィローニ
『クローンの攻撃』と『シスの復讐』の間の3年に起こった、クローン戦争を描くアニメーションシリーズ。アナキン・スカイウォーカーと彼の弟子アソーカ・タノのコンビを中心に物語が展開される。

★16　『ジョジョ・ラビット』
19年・米／監・脚・演：タイカ・ワイティティ／演：ローマン・グリフィン・デイヴィス、トーマシン・マッケンジー、スカーレット・ヨハンソン
熱烈なヒトラー信者である少年のジョジョは、ヒトラーが好きすぎるあまり、イマジナリー・フレンドとして彼が目の前に現れるまでに。ヒトラーユーゲントで「ラビット」とバカにされながらも、ジョジョは新ナチの姿勢を崩さず、当然反ユダヤ主義者だったが、母が家にユダヤ人の少女を匿ってい

に目をやってしまうという風潮は、なんだかちょっとなあ、という気がします。そこは話すと長くなりそうなので、またの機会に掘り下げたいですけど。

まあタイカ・ワイティティはああ見えて、けっこうな世渡り上手だから。『AKIRA』実写化はやめた、とか。そのへんの嗅覚は大したもんですよ。

ヨシキ　『シェアハウス・ウィズ・バンパイア』はめちゃくちゃ面白かったよね。テレビシリーズも始まった。テレビ版はまだ観られていなくて、インターネットでクリップ映像しか観ていないけど、やっぱり抜群に面白い。才能がある。

ホーク　才能があって、さらに社会性もあると。それで言うとジョン・ファヴローもマーベル・スタジオに立ち上げから関わったわけですけど、『アイアンマン2』でつらい目を見たから、もうここで監督はやらないと宣言して。その後何をするのかと思ったら、『ライオン・キング』実写版でしょう。彼のことをどう思っていいかわからない。

ヨシキ　ジョン・ファヴローも、タイカ・ワイティティも、今は『マンダロリアン』★17をやってるよね。デイヴ・フィローニも含め、なんだか**『マンダロリアン』がクリエイターの避難所**みたいになってるんじゃない？

ホーク　そういえばファヴローの『シェフ 三ツ星フードトラック始めました』という映画は途中まで超面白いんですね。有名レストランで働いていたシェフがいろいろ嫌になってしまって、一人でフードトラックを出してですね。これからはうまいものを自由に作るのを見つけてしまう。

★17　『マンダロリアン』19年～・米／原案：ジョン・ファヴロー／演：ペドロ・パスカル、ジーナ・カラーノ、カール・ウェザース
銀河帝国崩壊の5年後、権力の締め付けがなくなったことによって無法と化した銀河で、バウンティハンターの「マンダロリアン」は帝国残党の依頼を受け、「獲物」捕獲の任務に当たっていた。目的の代物を見つけたマンダロリアンだったが、中を開けて、あらびっくり。それはヨーダの赤ちゃんだった。可愛く罪のないこの生き物を、帝国残党に渡すのはあまりにも可哀相に感じたマンダロリアンは持ち逃げし、子連れ狼よろしく赤子と二人で旅に出ることに。

んだと。しかし、それが最終的にどうなるかっていうと、対立していた料理評論家に出資してもらって自分のレストランを出して、それでめでたしって話なんですよ。最後になんなんだこれはって。

ヨシキ　そっちにいっちゃうんだ！

ホーク　ああ、インディペンデントにやっていくんだなと思ったら、最終的にはデカい店を開いたほうがいいんだって。寄らば大樹みたいな。

ヨシキ　それは業が深いなあ。本人がどこまで自分に寄せて考えてるか、本当のところはわからないけど。

ホーク　映画自体は、途中まではすごく面白い。だから、なんというか、この実力を大手に売ってしまってなあ、とまた複雑な気持ちになるんですよね。で、今度はディズニーで『マンダロリアン』ですって、これがうーん……超面白いじゃないか！　悔しい。

ヨシキ　『マンダロリアン』があって良かったよ（笑）。

第五章 映画批評に未来はあるか

近年ロッテントマトのメタスコアにおいて、オーディエンスと批評家の点数が大きく二分する現象が頻発するようになった。この問題はおしなべて、二つの傾向に分析される。一つは「批評家連中は〝ゲージュツ〟気取りな見方ばかりであてにならん」「普通の観客なら小さな粗なんぞ気にせず、楽しかった部分を加点するのに、批評家連中は減点方式だ」と、批評家を攻め立てるもの。片や「ファンの連中は、好きなキャラクターや俳優が出ているだけで、映画の出来とは関係なく無条件で褒め讃える」とファンダムを問題視するもの。

そこには、リメイク作品が増える中で、「作り手へのオリジナルへの愛」を問うオーディエンスの歪な忠誠心、それを織り込んだ製作側の態度、数多くのレビューサイトがもたらしたランキングイズム、権威に引きこもった批評家たちの地位の低下など、多くの要因が絡み合っている。

この両者に横たわるディスコミュニケーションは、映画自体の変質なのか、SNSによってファンダムが過剰に発達したせいか、それとも批評の言葉が求められなくなったからなのか……。

『映画秘宝』二代目編集長・田野辺尚人氏を招いて、『映画秘宝』による25年間の歩みを振り返りつつ、「映画批評のゆくえ」を語る。

『ジョーカー』も『ダークナイト』も、自称ジョーカー？

ヨシキ　『パラサイト』がアカデミー作品賞を取りましたね。外国語映画であるにもかかわらず。すごい快挙だ。

――ポン・ジュノは「映画秘宝」でも、岡本敦史さんたちがずっと推してきましたよね。毎年、釜山《ぷさん》映画祭に行ったりして。そんな熱量を上げている雑誌は他になかったですよ。

ヨシキ　うん。でも「映画秘宝」でいくら推しても、全然一般には評価されない映画だっていくらでもあるわけで（笑）。『食人族』とかさ！

ホーク　偉くなりようがないから。

田野辺　『パラサイト』はやっぱり賞を取るだけあって、貧しい家族が団結する話だから、今、映画を観る人たちのシンパシーを集めたんでしょうね。ポン・ジュノは「テキサスの、あの家族に」とスピーチしていたから、時代が違えばトビー・フーパーが『悪魔のいけにえ』でオスカーを取っていてもおかしくなかった。それに比べて『ジョーカー』はね。孤独で職をなくし、障害持ちで、頭のイカれた親の介護をして……。

ヨシキ　と、ジョーカー本人が思っていると。そういうことだと理解しています。

田野辺　あの内容で大ヒットしたんだから、私にも少し分け前をいただかないと、筋が通らないと思って。それで**今日は、赤いスーツを着て★1権利を主張することにした。**

★1　赤いスーツを着て
この対談をした日、田野辺氏は『ジョーカー』(19)で終盤にジョーカーが着ている、赤いスーツ、緑のシャツ、黄色いベスト、というファッションを完璧に再現した姿で登場した。リアル・ジョーカーというのは伊達ではない。

ヨシキ　田野辺さんはリアル・ジョーカーですからね（笑）。だけど、歳を取ると階段でこけるのは命取りなんで、本当に気をつけてくださいよ！『ジョーカー』というより、『エクソシスト』みたいなことになっては大変です。

田野辺　『ジョーカー』が悲惨なのはね、このスーツをハリウッドにあるマニア向けのお店にオーダーして、初めて理解できたところもあった。シャツとベストは薄っぺらな生地だけど、一応ちゃんと仕立ててある。ところがスーツは信じられないくらい安い生地で、裏地もなくて寒くて仕方ない。同じ店で『ダークナイト』版ジョーカーの服をオーダーしたときは、5万円以上かかったのに、今回の『ジョーカー』バージョンは1万円ちょっとの見積もりが届いた。そのときに怪しいな、妙に安いなと思って。

ヨシキ　ペラペラな感じ？

田野辺　そう。それで送られてきたのは、ポリエステル70％以上で、あとはよくわからない化繊だけで仕立てられていた。これは騙《だま》されたんじゃないかと思ったら……。

ヨシキ　値段相応ということだから、騙されてはいないのでは？

田野辺　そう！　私が贔屓《ひいき》にしている映画衣装のレプリカを作るショップって、撮影に使われた現物に、可能な限り近く仕立ててくれる信頼できるところなんです。だから、『ジョーカー』クライマックスで着ている赤いスーツは、貧乏だから安物を着ていたんだとわかった。ホアキン・フェニックスが劇中で着ている服は、どれもだらしないじゃないですか。

それがいよいよテレビに出るからって、キメたスーツも実は安物だった。そんな映画の背景が、わざわざオーダーして初めてわかった。

ヨシキ　『ダークナイト』のジョーカーは、お金を盛大に燃やしちゃったじゃないですか。

田野辺　その前に銀行強盗をやったから。

ヨシキ　全部燃やしているわけじゃないんだ！

ホーク　必要なぶんは取っておくんですよ。

ヨシキ　わりと普通の人っぽいですね、それじゃあ……。

田野辺　『ダークナイト』はギャングの会合シーンで、初めてジョーカーが紫のコートを着て姿を現して、「お前たちから奪った金で作ったんだよ、安物じゃないよ」と言うんです。それまでギャングたちに、「あの安物のスーツ着ているフリーク」とか笑われていたのに。山積みの金を燃やすときも、「俺が好きなものはダイナマイト、火薬、ガソリン。どれも安いから！」って見得《みえ》を切る。

『ダークナイト』のジョーカーも、とにかく安いものが好き。ともに悲惨な環境からジョーカーになった部分ばかりが注目されて、「アラン・ムーア原作の『バットマン：キリングジョーク』★2をモチーフにキャラクターを作ったのでは？」と言われているけれど、『ダークナイト』も、今回の『ジョーカー』も、**実際のところは自称ジョーカーですよね。**

ヨシキ　自称だから余計ジョーカーなのかな。どこまでもジョークが重なった玉ねぎみた

★2　『バットマン：キリングジョーク』
1988年にアラン・ムーアとブライアン・ボランドによって発表されたコミック。謎に満ちていたジョーカーの誕生譚を、新たに語り直すというコンセプトで執筆された。このコミックで、ジョーカーは元々はスタンダップ・コメディアンだったという、映画版にも引き継がれた設定が作られた。誕生譚の再構成でありながら、バットマンとジョーカーの鏡像的関係の結末もショッキングな形で描かれる。

いなもんで、剥《む》いても剥いても本質にたどり着けないという。

――田野辺さんがジョーカー・ランキングをつけるとしたら？

田野辺　現時点では、アニメ版の『バットマン：ダークナイト・リターンズ』★3に出てくるジョーカーが一番だと思います。あれはフランク・ミラーの原作通りに、忠実にジョーカーとバットマンの対決を描いていた。『キリングジョーク』のアニメ版も期待したけれど、やはりレイティングのせいなのか、暴力描写が抑えめで個人的にはダメだった。

クリストファー・ノーランの『バットマン ビギンズ』に出てくる最後のゴードンのセリフで、ジョーカーの存在が仄《ほの》めかされたでしょう。そこで、ジョーカーの犯罪歴や指紋も残っているというセリフがちゃんとあった。ところが『ダークナイト』で、ジョーカーを逮捕して取り調べるシーンになると、「こいつは身分証明書も指紋の登録も記録が一切ない、誰なんだ？」という話になる。それで、「いったい誰だかわからない、自称ジョーカーかもしれない」という気味悪さが浮かび上がってくる。でも、映画のインパクトが強かったから、世の中ではヒース・レジャーの演じたジョーカーが一番ってことになっていますね。

ヨシキ　ジャック・ニコルソンもいい★4ですよね。

田野辺　『監督失格』の平野勝之さんも、ジャック・ニコルソンのジョーカーを激賛されていましたね。『バットマン リターンズ』でダニー・デヴィートが演じたペンギンが、あ

★3　『バットマン：ダークナイト リターンズ』
12年・米／監：ジェイ・オリヴァ／脚：ボブ・グッドマン
86年にフランク・ミラーとクラウス・ジャンソンによって発表された、コミックを原作にしたアニメーション。バットマンの活動をすでに引退したブルース・ウェインは、ある夜ギャングに襲われたことで街にヒーローが必要だと悟る。すでに55歳という年齢でありながら、再び第一線に復帰。しかし、今の政府はヴィジランテ活動を許さず、大統領は彼の逮捕を命ずる。さらにバットマンの復活は、宿敵ジョーカーまで目覚めさせてしまう。原作コミックは、クリストファー・ノーラン版に強い影響を与えた。

★4　ジャック・ニコルソンもいい
ティム・バートン監督による1

まりに哀れで、それを観て感激して、劇場公開時に平野さんに強く推薦したんですよ。すると平野さんに、「あんないじけた悪役じゃダメだ！」と言い切られて。『ジョーカー』でも、金持ちのトーマス・ウェインが、ひょっとしたら自分の親父かもしれないと思って、ジョーカーがお屋敷までわざわざ会いに行くじゃないですか。そこで、まだ小さいブルース・ウェインに出会う描写を見て、これが本当に兄弟だったら、因縁の戦いが始まる傑作になるなと思ったけれど。

ヨシキ　なんか『スター・ウォーズ』的でもあるような気が……。

田野辺　それで血の因縁が生まれたら、「バットマン」シリーズにも新しい物語ができたんだけど、結局はお母さんの妄想ということにしてしまったでしょう。そういう**「信用できない語り手」を主人公にした映画が、増えていますよね。**これが意外と面倒くさい。

ヨシキ　手垢のついたメタ構造が、不相応にもてはやされている感はありますね。ライアン・ジョンソンの『ナイブズ・アウト』の退屈さときたら……。

田野辺　メタ・フィクション仕立てにしたり、時間軸をわざとシャッフルさせたりして、観客の喉《のど》に小骨を突き刺すような映画が、今までのドラマと違う、目新しいショックだと評価される傾向がある。『1917 命をかけた伝令』★5の擬似ワンカットとかも、実はその範疇かもしれない。

アメリカ映画はメジャーからインディーズまで、**正統派のドラマ語りよりも小手先の工**

989年製作の映画『バットマン』で、ジャック・ニコルソンが演じたバットマンのこと。もともとマフィアの一員だったが、バットマンとの闘いの末に薬品の液槽に漬かったことで、肌は漂白され、神経が麻痺して笑顔が張り付いた人間となった。コミカルさと狂気とを併せ持ったジョーカーというキャラクター性が、ジャック・ニコルソンの怪演によって見事に表現されている。

★5　『1917 命をかけた伝令』19年・米・英／監・脚：サム・メンデス／脚：クリスティ・ウィルソン＝ケアンズ／演：ジョージ・マッケイ、ディーン＝チャールズ・チャップマン、マーク・ストロング
　第一次世界大戦を舞台に、敵であるドイツ軍の謀略を知らせるため、重要なメッセージを届けるべく奮闘するイギリス兵士を描く。敵地を潜り抜け、駆ける姿を全編ワン・カット撮影したことが話題となった。第92回アカデミー賞では作品賞をはじめ、10部門にノミ

夫で評判を取ろうとするから、結局は『パラサイト』みたいな骨の太いつくりの映画にみんなやられちゃうんですよ。その『パラサイト』だって、一家乗っ取り話の元をたどれば、安部公房の戯曲『友達』があり、藤子不二雄Ⓐ先生の『魔太郎がくる!』があり、実際に尼崎連続殺人事件みたいなことが起こっている。

子どものころに触れた映画評論

――洋泉社に入社される前の田野辺さんは、どちらにいらしたんでしょうか。

田野辺　その前は零細純文学系の雑誌の編集部にいました。もともとは文芸出身なんです。1冊500部スタートの高定価少部数の本を作っていました。その会社に入る前から、ライター仕事はやっていたんです。映画に限らず、なんでも取材して記事を書きましたよ。80年代の終わりごろだから、特にカルト宗教の集会に信者のふりして潜入して。

それから、当時流行っていた都市伝説の真相を追う仕事もしていました。ちょうど昭和の終わりごろに北関東で、中近東から出稼ぎにきた労働者が夫婦を襲って奥様を強姦した、それで奥様がおかしくなって自殺しちゃった、だから中近東系の奴には気をつけろ、という噂《うわさ》がバーッと広まって、パニックみたいになったことがあったんです。それで、本当にそんな事件があったのか、徹底的に追いかけたんですよ。

すると、該当する事例は一件もなかった。その当時あった外国人労働者への差別が大前

ネートされた。

提になっているってことを、噂の出どころまで調べて書いて、その記事がスキャンダル系の雑誌に載ったんです。それがなぜか、新聞の雑誌月評で「面白かった」と取り上げられて、金一封をもらったことがあります。

ホーク　まだ若いですよね、そのとき。

田野辺　20代前半ですよ。そのころは大学院の研究室にいたけど、ライターもやってお金を稼いで、園子温さんや藤原章さんといった映画仲間のチラシ作成費とか、上映会場の賃料に回していました。彼らと会ったのが85年ですから、ちょうどいろいろ活動し始めたころですね。

ヨシキ　田野辺さんはＰＦＦ（ぴあフィルムフェスティバル）の公募審査員もやっていましたよね。僕もＰＦＦに出品していた時期です。

田野辺　上映技師に佐々木浩久監督がいたりして。そのときに私が薫陶《くんとう》を受けたのが、映画作家のほしのあきらさんと映画評論家の松田政男★6さん。松田さんには「お前が映画に対して求めるものはなんだ？」と聞かれて、「やっぱりブルース・リーが一番です」と答えたら、「お前は肉体言語を肯定するのか。だったら平岡正明★7と同じじゃないか」と大説教を食らったことがある。それがきっかけになって、出版の世界にズブズブ入っていったんです。今は２０２０年だから四半世紀以上、**『アイリッシュマン』のような立ち位置で活動している**ことになる。

★6　松田政男
１９３３年生まれ。映画評論家、政治活動家。未來社、現代思潮社で編集者として勤めた後、フリーの編集者、映画批評家として活動する。また、自立学校、東京行動戦線、レボルト社などに関わり、足立正生、佐々木守、平岡正明、相倉久人と「批評戦線」を結成、第二次「映画批評」を創刊する。主な著作に『テロルの回路』（三一書房）、『薔薇と無名者』（芳賀書店）、『風景の死滅』（田畑書店）など。２０２０年３月、87歳で没。

★7　平岡正明
１９４１年生まれ。評論家、政治活動家。早稲田大学在学中に、宮原安春、諸富洋治らと政治結社「犯罪者同盟」を結成。中退後、自立学校やラボセンターに加わる。革命、ジャズ、歌謡曲、落語など、幅広い分野で評論活動を行った。主な著作に『韃靼人宣言』（現代思潮社）、『山口百恵は菩薩である』（講談社）など。２００９年７月、68歳で没。

ヨシキ　『アイリッシュマン』か！

田野辺　やっぱりそうでしょう。だから、洋泉社最後の「映画秘宝ベストテン」で『アイリッシュマン』が入ったのは、私に対するご褒美なのかなと思いましたよ。

ヨシキ　何もかもが自分に宛てたメッセージに見えてくるというのは、危険な兆候ですよ！（笑）。

――田野辺さんが編集された、最初の映画の本はなんですか？

田野辺　最初に自力で作ったのは、**小学校4年生の3学期。スケッチブック丸ごと1冊使って、『JAWS／ジョーズ』の自主制作本をやった**のが最初。

ホーク　商業出版じゃなかった！

田野辺　そのころ、『ジョーズ』にバシッとハマっていて、あちこちの雑誌の特集を片っ端から集めて読んだんだけど、自分の中にある興奮と何かが違う気がして。それで、いろんな雑誌から映画のスチルを切り貼りして、あらすじを書き、解説を書き、サメの図鑑も入れました。3学期のお別れ会で、みんな自作のものを出しあってプレゼントするじゃない。そこで『ジョーズ研究』って本を提出したんです。

ヨシキ　わっ、似たような経験ありますよ。小学校5年のときに、学校で古くなったガリ版の機械を使わせてもらえることになったので、それで壁新聞を作ったことがあって。第1号の特集は「これが『エレファント・マン』の素顔だ！」っていうやつで、再現イラストを載せたりしました。

田野辺　そうやって手を動かして、見よう見まねで自作の本を作っていた時代から始まりましたね。インターネットやＤＴＰが出てくる、はるか以前の話。

ヨシキ　田野辺さんを形作ったのは、『ジョーズ』とブルース・リーと……。

田野辺　『ジョーズ』、ブルース・リーと『エクソシスト』。73年から75年くらいまでの間に、自分の基礎になるような映画がほぼ出揃っていました。決定的だったのは75年で、『悪魔のいけにえ』と『仁義の墓場』、それにブルース・リーがすべてをコントロールした『ドラゴンへの道』もあった。そして年末に、『ジョーズ』でトドメを刺された。

——みなさんが小さいころは、映画評論は読んでいましたか？

ヨシキ　全然読んでなかったですよ。

田野辺　石上三登志さんの本は読んでいたでしょう。

ヨシキ　あ、そうか。石上さんの「映画宝庫」★8は愛読していました。あとは「スターログ」。

ホーク　僕は、双葉十三郎先生の「ぼくの採点表」は読んでいましたよ。

ヨシキ　中学に入ってからは、中子真治さんの一連のＳＦＸ本とか、「シネフェックス」みたいなメイキングや特撮の舞台裏を描いたものをよく読んでいましたね。

田野辺　「映画宝庫」はもともと同人誌ノリで、芳賀書店という出版社に話を持ち込んだ

★8　「映画宝庫」
1977年から1980年まで刊行された「特集主義」の映画雑誌。芳賀書店刊。号によって責任編集者が変わり、石上三登志、筈見有弘、増淵健、双葉十三郎などが健筆をふるった。「映画秘宝」もその影響を受けている。後に大洋図書から「新映画宝庫」が刊行された。

と聞きました。**ネタバレどころか版権もぶっちぎりで、シナリオも写真もテーマにあわせて必要なものは、全部バンバン載せる**っていう編集方針がすごかったですね。そういった資料がないときは、全部記憶で文章に残すという。キング・コングやドラキュラ、それに日本のあまり日の当たらなかった娯楽映画に特化した、今で言うムック的な作りで。「映画宝庫」は、私も町山智浩さんも相当影響を受けました。

ホーク　僕はわりと芳賀書店で育った気がするな。シュワルツェネッガーの「スター・アルバム」とか買いましたよ。

ヨシキ　版権ぶっちぎりといえば、日野康一先生の『ショック残酷大全科』★9とかね。ご自身が所有しているスチル写真だけを使って、本を構成しているという。

田野辺　日野康一さんも記憶だけで書いていたから、たまにとんでもない大間違いをしていたりする。同じ秋田書店から出した『ホラー大全科』に載った『悪魔のいけにえ』の紹介で、「ブッチャーマンが女をぶち殺し、男を追いかけまわす」って書いてあって。「いや、逆だよ！」って。しかも、重版してもそれを直さない姿勢がなかなかカッコいい。

ヨシキ　でもほら、平山夢明（デルモンテ平山）さんのゴミ映画100本ノックとかも……。

田野辺　平山さんの場合はね、途中でつらくなったときに、誰も見たことがない、平山さんの近所にあったビデオ屋にしか置いてないようなビデオの話が出ますけど、あとになっ

★9　『ショック残酷大全科』
1982年、秋田書店刊。ブルース・リー評論の第一人者でもある日野康一が執筆した、少年向け映画ガイド。ヤコペッティをはじめ、タイトル通りに残酷シーンのある映画を紹介している。「大全科」シリーズとして他に、『怪奇大全科』『ホラー大全科』などもある。

て実在したことが判明したビデオもかなりありました。

「後追い世代」じゃいけないか？

――田野辺さんが商業出版で最初に作った映画関係の本は何ですか？

田野辺　93年に洋泉社で、『大ヤクザ映画読本』というヤクザ映画の本を作ったのが最初。詩人で、今は映画監督もしている福間健二さんと映像作家の山崎幹夫さんの力を借りて編集しました。福間さんは60年代後半の東映ヤクザ映画ブームを直に体験されているし、私は70年代以降にあとから追いかけた世代だから、やはりリアルタイムの熱狂を反映させたいって意向もあって、脚本家の荒井晴彦★10さんを対談に呼ぶことになったんです。

荒井さんは、私世代がヤクザ映画の本を作るのを異様に思ったみたいで、「一番好きなヤクザ映画はなんなの？」って聞いてくる。それで「『仁義の墓場』です」と答えたら、**「やっぱり後追い世代だと深作映画になるんだな～」と言われて、内心は怒りメラメラ**ですよ。荒井さんからすれば、『緋牡丹博徒 お竜参上』の「雪の浅草、蜜柑ころころ」の叙情にグッときた体験があるから、狂犬ヤクザ石川力夫の暴力だけで押す『仁義の墓場』が一番と言い切る私のことは、変な映画オタクにしか見えなかったようですが。

ヨシキ　後追いって、仕方ないじゃないですか、そんなの。

ホーク　彼らだって何かしらの後追いでしょう。感じ悪いですね。

★10　荒井晴彦
1947年生まれ。脚本家、映画監督、季刊の映画雑誌「映画芸術」発行人。主な脚本作品に『遠雷』『Wの悲劇』『ヴァイブレータ』など。キネマ旬報脚本賞などの常連で、監督も務めた『火口のふたり』は、第41回ヨコハマ映画祭作品賞、第93回キネマ旬報ベスト・テン第1位などに選ばれた。

ヨシキ　『火口のふたり』が「キネマ旬報」でベスト・ワンになって喜んでおられるとか。
田野辺　ランクイン数が橋本忍と並んだって話ですね。ヨコハマ映画祭でも賞を取った。
ヨシキ　「映画芸術」で1位なんだから、「キネマ旬報」は辞退するのかと思ったら、そういうことでもないいんですね。
田野辺　誰でも自分の作品が認められれば。うれしいでしょう。
ホーク　どうかと思いましたけどね、あの映画。
ヨシキ　まだ観てないんだけど、どうだった？
ホーク　いい感じにエロい映画ではありました。
田野辺　エロを描くのが大好き。本当にエロだらけで、本来なら**最大の見せ場になるはずのスペクタクル描写には驚いた。絵がポーンと出てきて。**
ホーク　「へっ？・」って言っちゃいましたよ。
田野辺　あそこまで予算を抑えたスペクタクルは、日本映画史上初じゃないかな？
ヨシキ　ええっ……ええっ!? クライマックスが絵？・？・？・？・映画なのに？・？・？
田野辺　予算の問題はシビアだろうけど、やはりスペクタクル描写は映画の華なんだから。
ホーク　そこを観せないのは、本当にどうなのかと思いました。
田野辺　登場人物だって2人に絞っているし、そのぶん浮いた金でスペクタクルを見せてほしかったんですけどね。スマホの動画機能で、ちょっと工夫すれば作れるのに。

ホーク　また問題だと思ったのが、手マンをするんですね、全編通して執拗に。でも、その手マンがすごく雑で、動きが大きい。そんなに大きな動きはしないだろう、芋掘りじゃないんだから。

ヨシキ　これまでの対談でも出た話ですが、今はもう濡れ場が映画のフックとして機能しない時代というか、**「フックとしての濡れ場」という概念は非常に古臭く感じますね。**

ホーク　それはすごく思いました。だって濡れ場を入れておけば、オッサンが映画館に来るからって話でしょう。ざっくり言えば。

伝説の『悪趣味洋画劇場』ができるまで

――かつて「ミニシアター・ブーム」があったと言いますが、実際のところはどうだったんでしょう？

ヨシキ　ミニシアター・ブームはバブルの申し子でもあって、特に都心部におけるＱＯＬというか、生活や風景に対する感覚がアップデートされるのと並行して、それまでの映画館がちょっと持っていた一種の「場末感」とは、対極の映画カルチャーが立ち上がってきた感じがあった。

今はもう、「映画秘宝」が創刊されたころとは違うので、当時のミニシアター・ブームを「オシャレ」の文脈だけでとらえてフレームアップしても仕方ないとは思うけど、**「場**

末の、おっちゃんの娯楽」と違う映画鑑賞の形をミニシアターが示したことは、「スパゲッティ」が「パスタ」と呼ばれるようになり始めた時代の空気とマッチしていたんだよ。で、初期のジム・ジャームッシュや『バグダッド・カフェ』がアイテム的にもてはやされる中で、〝いかがわしい〟映画のことを読んだり聞いたりする機会はどんどん減っていった。

そういう傾向が続いているところに、**綺羅星《きらぼし》のごとく登場したのが、『悪趣味洋画劇場』★11ですよ。**あの本に並んでいるタイトルが、まったくと言っていいほど印刷物に載らない時期が長かっただけに衝撃的でした。オカルト映画、モンド映画、ゲテモノ映画、それにブルース・リー……。

――『悪趣味洋画劇場』では、中原昌也さんの原稿が印象的ですが、どういう経緯で中原さんがメインの書き手になったんですか？

田野辺　中原さんとは古い付き合いで、企画をやろうと声をかけたときには、もう「イメージフォーラム」とかで評論を書いていました。そのころ洋泉社の経営状態が悪くて、やけっぱちで好き勝手に、好きな映画の話ばかり載せた本を作ろうと思ったんです。**映画の話題を偉そうにして笑っているような奴を、皆殺しにするような本をやろうよ**と。

ヨシキ　中原さんの原稿に、「今、喫茶店でこの文章を書いているが、隣に『レザボア』がどうのと話している若者たちがいる。いつか、いつの日か、『処刑軍団ザップ』★12みたいに、半端な美女を引き連れてそういう連中を皆殺しにしてやる！」というようなことが

★11『悪趣味洋画劇場』
1994年、洋泉社刊。「キーワード事典」シリーズの一冊として刊行された、その後の「映画秘宝」につながる本。残酷ホラー、中国アクション、官能エロを軸に、忘れ去られたいわゆるB映画を掘り起こす映画ガイドブック。中原昌也、藤原章、藤木TDCなどが執筆。

★12『処刑軍団ザップ』
77年・米／監・脚：デヴィッド・ダーストン／演：バスカール、ライリー・ミルズ
チャールズ・マンソン事件に影響を受けながら制作された、ヒッピー・ムーブメントとドラッグ・カルチャーを取り入れたカルト・ホラー。片田舎にやって来たカルト集団が、野蛮な振る舞いをしなが

書いてあって、ああ、その気持ちは本当にわかるなと思ったのをハッキリ覚えています。
　僕は当時、人生で1度きりの会社勤めをしていた時期で、飯田橋の出力センターにデータを出しに来て、待ち時間に本屋に入ったら、そこに『悪趣味洋画劇場』があった。

田野辺　Vanfu飯田橋店のすぐ近くに書店がありましたね。

ヨシキ　そこです。パラパラ見たら『デス・レース２０００年』★13のことが載っていたので、即座に買って近くの喫茶店で一気に読みました。

田野辺　本を出したのが94年だったから、洋泉社にはもう町山さんもいたんですよ。当時から私は健康状態が悪かったから、午後になってやっと出勤するような有様だった。ちょうど印刷所からゲラが出る日に、必死こいて出社すると、私のデスクになぜか町山さんが座っていて、『悪趣味洋画劇場』のゲラを大笑いしながら読んでいた。それで、「これはいけるよ」って言ったんです。「表紙次第で売れ行きが決まるだろう」「どんな表紙になるのかな、楽しみだな」とニッコリ笑うわけですよ。
　それで表紙の締切日に、デザインをお願いした宇川直宏★14さんの仕事場に行ったら、「ごめん、忘れてた！」と言われて、そこから記憶がプッと消えた。気づいたら警察に保護されていて、会社に電話すると町山さんが出るからマズイと思って、園さんに身元引受けに来てもらった。

ヨシキ　電話をさせてもらえるんなら、逮捕というわけではないですよね。

ら町に居つき始める。報復のため、少年ピートが狂犬病の血をミートパイに混入させると、それを食べた彼らは狂人と化し……。

★13　『デス・レース2000年』
75年・米／監：ポール・バーテル／脚：ロバート・ソム、チャールズ・B・グリフィス／演：デビッド・キャラダイン、シモーネ・グリフェス
「B級映画の帝王」と称されるロジャー・コーマンが製作したカルト・SF・バイオレンスアクション映画。西暦2000年、独裁国家となったアメリカで行われる国民的イベント「デス・レース」でのレーサーたちの死闘を描く。若き日のシルヴェスター・スタローンが出演していることでも有名。

★14　宇川直宏
1968年生まれ。グラフィック・デザイナー、映像クリエイター。2010年にライブストリーミングチャンネル「DOMMUNE」を開局する。「映画秘宝」には、ムック時代から表紙のデザインなどを

田野辺　その1週間後に宇川君が作ってくれた表紙は、『火口のふたり』には欠けている要素で満載だった。

ヨシキ　「これホントに映画の本……なのか!?」っていうエキセントリックな表紙でしたからね。タイの地震写真がコラージュされていて。

田野辺　さすがに当時の編集長や営業部が、「死体が表紙の本なんて書店に置けない、せめて帯をつけろ」と言って来ましたね。「いや、それはやらない。帯つける金がもったいない」と反論したら、「それもそうだ」と（笑）。

ホーク　意外にあっさり（笑）。

田野辺　その代わり定価を上げて、初刷部数も2500部に絞られた。そのとき町山さんがすごい怒ったの。「この本は最低でも初刷5000部は捌《さば》けるよ」と。それで書店に卸したら、**初日でバン！と2500部が売り切れた。**

ヨシキ　その一人が僕です。

ホーク　僕もです。四谷の大学の生協で買いましたよ。レジ袋は要らないって言ったら、シール貼るじゃないですか。シール付きの本がまだ残ってますよ、実家に。

ヨシキ　『悪趣味洋画劇場』をどこで買ったか、みんな覚えてる！

ホーク　覚えている。帰りの電車で一気に読んで、いったいこれはなんだと。

田野辺　初版2500部の決して安くない本が、最終的にはその10倍以上の部数捌けた。

担当した。実に多彩な活動を続けている。

ヨシキ　そんなに売れたんだ！

田野辺　その直後に町山さんが『トンデモ本の世界』を作って、それが10万部以上売り上げるベストセラーになったことで、会社は立ち直った。**……で、この間、潰れたと。**

ヨシキ　めちゃくちゃ歴史を端折《はしょ》りましたね、今（笑）。

ホーク　そのあと、小さい「映画秘宝」が出るじゃないですか。あれがまた、いつ出るかわからない。

ヨシキ　そうそう、不定期刊だったから、「いつ次のが出るのかな？」って、本屋を巡回するのが日課だった。

――「映画秘宝」は町山さんと田野辺さんと、どっちが先に作ろうと？

田野辺　初代編集長は町山さんですよ。

ヨシキ　「変酋長」って書いてありましたね。

ホーク　町山さんはその前に、「映画宝島」★15というのがあったでしょう。

ヨシキ　『異人たちのハリウッド』。

田野辺　『怪獣学・入門！』まで都合4冊出てますね。

ホーク　最初はオレンジ色でペラい作りで。「映画宝島」と『悪趣味洋画劇場』が、僕にとっての二大ショックでした。こんな本があっていいのかと。それぞれ高校、大学のころでした。

★15　「映画宝島」
映画評論家の町山智浩が、編集者としてJICC出版局（宝島社の前身）にいた時代に編集していた「別冊宝島」内のシリーズ。1990年の「発進準備イチかバチか号」に始まり、以降3冊が刊行される。こうした流れと、『悪趣味洋画劇場』の流れが合わさり、「映画秘宝」が生まれたとも言える。

田野辺　町山さんとは「映画雑誌をやりたいね」という話はずっとしていたんです。それで95年の初めに、『エド・ウッド』★16を柳下毅一郎さんが観て、「これは話題になる、『エド・ウッド』特集はいけるぞ」って話になったんです。そこで『エド・ウッドとサイテー映画の世界』の制作に動き始めたのが、95年の春。それと同時に町山さんが、「『悪趣味洋画劇場』が売れたから、邦画編も作れ！　2冊同時に書店に並んだらインパクトがあるぞ！」と言われたので、そこからフル稼働ですよ。

ちょうどそのころ、石井慎二★17さんが洋泉社の社長に就任されたんです。石井さんは宝島社の前身だったJICC出版局で**「別冊宝島」シリーズを作って、世にムックという新しいジャンルを送り出した**偉い人です。その石井さんにして、企画書を読んで「これは博打だな。同時発売でなく、1カ月ずつずらして出す」と言っていた。それで『エド・ウッドとサイテー映画の世界』、『悪趣味邦画劇場』を「映画秘宝」と銘打って、2号連続で出した。並行して、根本敬さんの『人生解毒波止場』も作っていたから大変だった、あの年は。

ヨシキ　そのころは**アンダーグラウンドだったり、悪趣味だったり、ビザールだったりするものがいろいろ出版されていた時代**で。80年代にペヨトル工房★18が始めた「夜想」や「銀星倶楽部」を皮切りに、その後は「ユリイカ」も悪趣味特集を組んだし、大類信さんの「SALE2」もあったたし。90年代になると青山正明さんが「危ない1号」を立ち上げて、

★16　『エド・ウッド』
94年・米／監：ティム・バートン／脚：スコット・アレクサンダー、ラリー・カラゼウスキー／演：ジョニー・デップ、マーティン・ランドー、サラ・ジェシカ・パーカー
「史上最低の映画監督」と称される実在のエド・ウッドを題材にしたモノクロ映画。50年代のハリウッドで、第二のオーソン・ウェルズになることを夢見るも絶望的に才能のない、エド・ウッドの失敗だらけの奮闘を描く。監督のティム・バートンはエド・ウッドのファンであり、かつてドラキュラ映画のスターであったベラ・ルゴシ役を演じたマーティン・ランドーはアカデミー助演男優賞などに輝いた。

★17　石井慎二
1941年生まれ。早稲田大学卒業後、JICC出版局に入社すると、晶文社から発行されていた雑誌「宝島」を買収し、人気雑誌にす

村崎百郎さんが牽引した鬼畜ブームがあって。ペヨトル工房の本は、「RE：Search」誌からいろいろネタを引っ張ってきたりしていましたね。

田野辺　武村光裕さんがね。

ヨシキ　ペヨトル工房でも特に「夜想」は、ピエール・モリニエとかハンス・ベルメールとか、例えが合っているかわかりませんが、澁澤龍彦的な、周縁的なアートについての「教養」が軸になっていた。逆に「危ない1号」は地獄の釜《かま》を開いた感じで、「ヤバい」事物をずらりと並べて見せてくれた。青山正明さんは、もともと「突然変異」か。

僕の中では、ペヨトル工房的な世界と「危ない1号」の中間に高杉弾さんがいるというか、高杉さんはペヨトル工房の本に寄稿もしていましたね。**「サブカルチャー」というか、エッジーなカルチャーの命脈**ですね。だから『悪趣味洋画劇場』が出たときも、そういう流れの一環だと理解しました。同じ時期に秋田昌美さんの『スカム・カルチャー』もあって、どれも直接つながっているわけではないんだけど、水脈として、命脈として、そういう流れがあった。そういう時代だった。

田野辺　初期『悪趣味洋画劇場』の表紙で宇川君が派手に暴れられたのも、その流れの影響がありますね。

るなど、敏腕編集者として活躍。その後、ムックという新たな形式の「別冊宝島」を創刊。80〜90年代のカルチャーに影響を及ぼす。98年に洋泉社社長に就任。2010年2月、68歳で没。

★18　ペヨトル工房
今野裕一によって1978年に設立された出版社。雑誌「夜想」「WAVE」「銀星倶楽部」「ur」などを発行。書籍ではJ・G・バラードの翻訳書や、根本敬らのユニット「幻の名盤解放同盟」の書籍などを刊行し、80〜90年代のアングラ／サブカルチャーに大きな影響を与えた。2000年に解散。今野裕一による回想記として『ペヨトル興亡史』（冬弓舎）がある。

「映画秘宝」が掲げた編集方針

――柳下さんは、宝島社とのつながりで洋泉社と関わるようになったんですか?

田野辺　柳下さんは、町山さんと『映画宝島 地獄のハリウッド』をやっていましたから、その流れで準備段階から貴重な海外の資料を大量に貸してくれたり、とても協力してくれました。

ヨシキ　学生のときに、山形浩生さんとバロウズの企画をペヨトル工房に売り込みに行ったという……。

田野辺　そうそう。「映画秘宝」立ち上げのときは、すでに翻訳本を何冊も手がけていた。

ホーク　ありましたね、「銀星倶楽部」。デニス・ホッパー特集とか。

ヨシキ　『ツイン・ピークス』の特集もあった。

田野辺　1988年にデニス・ホッパーの一大イベント上映があって、その後マカロニウエスタン復活に活躍する石熊勝己さんを中心に、「デニス・ホッパー復活委員会」という組織が立ち上がったんです。石熊さんからうかがった話ですが、この動きに柳下さんが参加応募してきて、若いのにやる気のある奴がいると話題になったそうです。その後、「宝島」の編集をされていた時代も変な自主映画の試写に足を運ばれて記事を書かれたり。その後フリーに。

ホーク　でも、洋泉社がああなったとはいえ、「映画秘宝」は長く続きましたよね。ほぼ同時期に生まれたような悪趣味系も何も、結局は長く続かなかったことを考えれば。

ヨシキ　もう、あっという間にバタバタと倒れていった。亡くなった人たちもいる。「映画秘宝」は大判化・定期刊化（最初は隔月刊）して、**A5の時代と違う方向に舵《かじ》を切ったのが奏功《そうこう》した。**A5判時代の、超マニアックな「映画秘宝」を懐かしむ人はよくいるけど、そのまま続けていたら先細りになって、もしかしたらとっくになくなっていたかもしれない。その可能性は大きい。

田野辺　私もそう思います。大判化してビジュアルを強くする雑誌に変えようって考えは、98年ごろには話題として出ていました。町山さんがアメリカに渡ったあとも、私たちも日本にはない映画のスチル写真や資料を買い出しに、ハリウッドへ行ったんですよ。昼間はあちこち回って、晩飯食べたあと、テレビでやってる『ダーティハリー』とか観て、それからやることないから、モーテル近くのコンビニへ立ち読みしに行く。

　そのとき町山さんが、「MAXIM」★19という男性情報雑誌を熱心に読んでいて、**「こういう雑誌に『映画秘宝』を変えたい！」**って深夜のロスのコンビニで叫ぶんですよ。映画雑誌だけど、車の特集がある、女優のグラビアもふんだんに載っている。当時のアメリカの青年誌のノリですね。

ヨシキ　「MAXIM」とか、あと映画雑誌だとイギリスの「EMPIRE」みたいにし

★19　「MAXIM」
1995年にイギリスのデニス・パブリッシングによって創刊された男性誌。アメリカをはじめ、世界中で展開されている。決してハイソを狙わず、大衆的な男性の興味を惹くセックス、エンターテイメント、スポーツ、ファッション、時事問題などで紙面を作り、人気となる。

ようって言ってました。

ホーク　車や時計、お酒なんかが大事なんだって、町山さんはよく言ってましたよね。そういう大人の嗜みをフィーチャーしようと。

ヨシキ　それは「ＭＡＸＩＭ」もそうだけど、アメリカ版の今はなき本家「ＰＬＡＹＢＯＹ」マガジン（日本では「月刊ＰＬＡＹＢＯＹ」）とかもそう。

ホーク　「秘宝」も自動車をフィーチャーしていましたよ。「トランスフォーマー大特集」って、ああ確かに車だなと（笑）。

ヨシキ　確かに！（笑）。それを言ったら、『デス・レース２０００年』だって車！

ホーク　でしょう？　大判化して、最初は季刊でしたっけ？

田野辺　いやいや、隔月ペースでした。

ヨシキ　隔月刊のころは、月刊になってからと比べると格段に余裕があった。とはいえ、印刷入稿がギリギリになるのは今と同じで。

田野辺　あの当時は入稿メディアがＭＯでしたね。

ヨシキ　夜中にタクシー飛ばして、当時駿河台下にあった洋泉社までＭＯを届けに行ったこともありました。

田野辺　今でも覚えているのは、ヨシキ君が担当の入稿データを回収して、それを入稿して家に帰ってテレビをつけたら、ニューヨークで飛行機がビルに突っ込む瞬間だった。それで急いで「今、テレビ見ている!?」って電話したんですよね。そうしたら「見てる見てる!」って。

ヨシキ　あの日は入稿が終わったんで、その足で飲みに行ってたんですよ。それで、飲んで帰ってきて、テレビをつけたら飛行機が突っ込んでいた。

ヨシキ、ホークが「映画秘宝」に参加するまで

——ヨシキさんやホークさんが「映画秘宝」に参加したきっかけというのは?

ヨシキ　僕は「映画秘宝」の前は、会社を辞めて独立して、と言えば聞こえがいいけど、単にそう言ってるだけの「フリーのデザイナー」として、オモチャのパッケージデザインをやったり、音楽CDのジャケットのデザインをしたりしつつ、ちょこちょこ雑誌に原稿を書いたりもしてた。そんなときに**遊び場としてのインターネットが登場**して。当時はインターネットなんてガラガラで、ロクなウェブサイトもなかったんだけど、映画関係のサイトを見て回るうちに、高橋ターヤン君とか高野政所君とか、面白いことをやってる人たちと知り合いまして。

それで自分も「Inferno Prison」というサイトを作ることにしたんだけど、他と差別化したほうがいいと思ったから、趣味でVHSを集めていた女囚映画、ナチ残酷映画、モンド映画とかに特化したものにしてね。当時は各ウェブサイトが自前の掲示板を備えてい

るのが普通で、そういう掲示板とか、これまた今はなきウェブリングなんかを通じてあっちこっちと交流していた。ホークと僕が知り合ったのもネットからで、1997、8年くらい？　96年だと、まだネットも閑古鳥だよね。

ホーク　97年くらいからですね。いわゆるホームページを作ったのは、界隈では僕が最後発でしたよ。しばらくは人のところに行って見て、ゲラゲラ笑っているだけだった。

ヨシキ　ホークはいろんなところの掲示板によく来て、顔なじみなのにHPがないから、「作れ作れ」ってみんなで言っていたんだよね。

ホーク　新卒3年くらいで会社を辞めて、暇をいいことにHPを作って。それで「映画秘宝」に拾われると。最初に書いた『X-MEN』の記事が2000年ですね。

ヨシキ　僕はそんなことをしているときに、柳下さんが「Inferno Prison」を自分のリンクページで紹介してくださって、たぶんそれを町山さんが知って、ネットを通じて連絡をもらったのが最初。

田野辺　町山さんがヨシキ君や高橋ターヤンといった**濃厚なHPのリストを作って、「彼ら全員に連絡するんだ！　誌面を変えるには何より新しい書き手だ！」**と連絡して来たのが、98年の秋ごろでしたね。そこから99年の夏にリニューアルして、頑張ってコンビニ置きにまで営業かけて。

ヨシキ　そうそう、大判化1号目はコンビニにも置きました。僕が「映画秘宝」に初めて原稿を書いたのは、その1号前、小さかった時代最後のベストテン号です。

田野辺　98年か。

ヨシキ　『この映画をみろ！'99』★20。宇川さんデザインで、タイタニック号の上に仁王立ちしたレオナルド・ディカプリオから手がいっぱい生えて、カーリー神みたいになっている表紙の。って、言っても意味わかんないか（笑）。大判化して初めのうちは、町山さんが「とにかく、もっと冒険してほしい。思い切ったデザインがほしい」と言っていたのを覚えています。

田野辺　町山さんが編集長を務めたのは、大判化前の『あなたの知らない怪獣㊙大百科』までで、続く『セクシーダイナマイト猛爆撃』から私が引き継ぎました。会社近くの喫茶店で、「次の特集はボンドガールとかナスターシャ・キンスキーとか、そういうことだ。わかるよね？」と一言だけ指示されて。

ヨシキ　それが、大判化・定期刊化するというので、戻ってきた感じですかね。

田野辺　いきなりの方針転換でビジュアル誌に変えるわけだから、町山さんも気が気じゃなくって、日本に帰ってきて陣頭指揮を執ったんです。

ヨシキ　田野辺さんに連れられて、僕が編集部に行ったら、いました。

ホーク　それで『シックス・センス』のネタバレ★21を食らうと。

ヨシキ　あ、それはもう少しあとかな？　最初に行ったときは、何かにブチ切れた町山さ

★20　『この映画をみろ！'99』1999年3月に刊行された「映画秘宝」の別冊ムック。カバーデザインは宇川直宏が手掛ける。このシリーズは、「映画秘宝」が毎年3月号に掲載する「ベスト&トホホ10」に受け継がれている。

★21　『シックス・センス』のネタバレ

んが書類棚かなんかをガンガン蹴りながら、「フザケンジャネーヨ！」とか怒鳴ってて、田野辺さんが声をかけたらくるっと振り向いて、一瞬で笑顔になって「あ、君がヨシキ君〜？」とニコニコしていたのをよく覚えていますよ。00年代初頭は、町山さんを訪ねてコロラドに行ったり、サンフランシスコに行ったりもしました。

田野辺 99年にスクール・シューティング事件が起こったコロンバイン高校に、鎮魂の旅をするという、今なら許されないような企画もやりましたね。

ヨシキ 事件の半年後で、まだ建て替える前の校舎が残ってた。そこで写真を撮って、さあ帰ろうと思ったら不審なバンに延々と追いかけられて、あれは怖かったなあ。その足で今度はジョンベネちゃん殺害事件の家に行って、それから『サウスパーク』のトレイ・パーカーとマット・ストーンが学生時代にお世話になったコロラドの名物寿司屋「スシザンマイ」に、店長のマサオ・マキさんに会うために行ったり。

彼は『カンニバル！ ザ・ミュージカル』とか『オーガズモ』とか、トレイの初期作品にも出ていて、その日は結局マキさんのご自宅にまで町山さんとお邪魔しました。彼の波乱万丈な人生は、『ロックンロール寿司シェフ物語』って漫画になっているんだけど、今はなかなか手に入らないかな……。ちなみに、その前日はロサンゼルスでトレイ・パーカーに会ったりしていたわけで、今から考えると異常に濃密だったな〜。

――編集部から渡航費は出たんですか。

「ネタバレ禁止」の代表格的な映画。99年公開のM・ナイト・シャマラン監督作品。高橋ヨシキは鑑賞前に、大声で結末を話している町山智浩に映画秘宝編集部で遭遇し、図らずもネタバレを食らったことがある。

ヨシキ　全然！　僕は当時クレジットカードも持ってなくて。国際電話をかけてモーテルを予約して。そのときは2日前に突然トレイに会えることがわかったんで、あわてて飛行機を予約して、デパートの紙袋にTシャツだけ放り込んで行きましたよ。

田野辺　大判ビジュアル誌に変えても、最初のころは予算が増えるわけじゃないから、本当にカツカツで作っていましたね。でも、路線変更は裏目に出ることなく、新しい軌道にはすぐに乗りました。一番大変だったのは、**本文のフォーマットを横組みにした**こと。それまで日本で横組みの雑誌って、たいてい失敗していたんですよ。「横組みだと読みにくい、売れない、やめろ」って、石井社長と営業を統括していた藤森建二会長から相当言われましたね。

でも、町山さんが「これだけは絶対に譲れない。横組みの雑誌にするんだ、デザインの自由度を高くしてカッコいいものにするんだ」って。それで、大判化してからずっと表紙を作っていただいているＭＩＫＥ ＳＭＩＴＨさんにフォーマットを作ってもらったあと、新宿のルノアールにデザイナー全員に集まってもらって会議もやった。「よし、本格的に横組みでいくぞ！」ってなったけど、みんな普段は縦組みの誌面を作る仕事をやっているから、なかなか勝手が思うようにいかなかったんですね。それで、ヨシキ君がどんどんヘルプに入って、「スター・ウォーズEpisode1」大特集ができた。それを見たＭＩＫＥ ＳＭＩＴＨさんから、「横組み誌面のデザイン、ヨシキ君ができるから、どんどんページを回してよ」とすぐに電話が入った。その結果、**ヨシキ君は20年以上、地獄の日々を送る**ことになる。

ヨシキ　もう20年も経つなんて信じられない。大判化して最初のころは、かなりのページ数をデザインしていましたね。40ページ以上やることもザラで。二つある特集を両方一人でデザインしたりしてました。だから結局、余裕があるといっても、最後はギリギリになる（笑）。

田野辺　当時はオンライン・データ入稿なんて、夢にも思わなかった。MOの受け渡しで這いずり回って、それで２００５年の秋まで編集長をやりました。

ヨシキ　昔のA5判時代の「映画秘宝」を、新装版にして出すという非常に難儀な仕事もやりました。オリジナルの宇川さんの仕事がヤバすぎるし、強度もありまくりなので、方向性をガラッと変えて、それなりにシンプルで手に取りやすいけど、どこか狂ってる感じにしようとしたり……。

田野辺　あれで『底抜け超大作』がロングセラーになって、10万部以上売れているんですよ。こまめに増刷がかかったからね。

ホーク　新版は意外と古本屋で見つからないんですよ。みんな大事に持っているんじゃないかな。

「秘宝系」という括りについて

――先ほども話に出た洋泉社の元社長・石井慎一さんは変わった人だったとか？

田野辺　いや、正統派の出版人でした。若くして癌で亡くなりましたが、体が動かなくなるまで、会社に横になれるソファを置いて、陣頭指揮を執られていました。

ホーク　石井さんはもともと、黎明期の宝島社にも関わられていたんですよね。

田野辺　そうです。現在活躍している様々な書き手を発掘して、育てあげた。本当にすごい人ですよ。内容と関係なく、**「映画秘宝」が雑誌として育ったのは、石井さんと藤森さんの戦略勝ち**だった面もあったんです。藤森さんは未來社から営業一筋でやってきて、洋泉社で独立した人なんですが、この2人が3号目の『ブルース・リーと101匹ドラゴン大行進！』を出すときに、取次から雑誌コードを取って、まず雑誌として1万5千部を流通させた。

これがすぐ売り切れたところで、すかさず休刊扱いにして、手持ちの雑誌コードを利用してムック★22として売り続けるという戦略を取った。この方法、今じゃできないと思う。石井・藤森という編集と営業のベテランがいて、初めてやれたことだし、今の出版界にあれだけ頭の切れる人はもういないでしょう？　その結果、洋泉社もなくなったわけだ。

ホーク　いわゆる「秘宝系」という言い方が始まったのは、いつごろからですかね。

★22　雑誌コードを利用してムック
出版取次では雑誌と書籍では流通が異なり、雑誌を発行するにはコードを取得する必要がある。雑誌と書籍の中間的な性格のムック(Magazine + Book=Mook)は、流通上は雑誌と同じ扱いになる。

田野辺　あれは大判になってからですね。

ホーク　しっかり個性のある雑誌に根強いファンがいてくれるという、それは素晴らしいことだと思うんですけど、ただ**「秘宝系」と一括りにされることには、複雑なものがあります。**

ヨシキ　雑誌はいろんな人が書いているものだから、そうやって乱暴に一括りにされることに以前はすごく抵抗があった。それに「秘宝系」って言いたがる手合いは、だいたい蔑称としてそう言うわけじゃないですか。だから余計、わかってないなと思ってたんだけど、もう別に「秘宝系」でもなんでもよくなりました。言いたい奴には勝手に言わせておけばいいいし、僕は「映画秘宝」にこれだけ長い間、関わってこられたことを誇りに思っているので。あっ、まだ終わってないから、これからも続くのか。「秘宝系」上等ですよ。それで構わない。

田野辺　町山さんが**最初に立てた編集方針に、同じ誌面で論争だけはしない**というものがありました。書き手がみんな面白いって盛り上がっているから、楽しい雑誌になる。論争記事は評判になるかもしれないけれど、盛り上がりに水をさすから、絶対にダメだというものです。それでも私は、2回だけ賛否の両論併記をやってしまって、そのときは町山さん、烈火のごとく怒りましたね。

ホーク　異なる意見が、1本の映画に対してあってもいいじゃないかとは思うんです。町山さんが論争をするなというのもわかりますが、「秘宝」は誌上で意見が対立しても尾を引かないじゃないですか。誰もがそれぞれ好きなことを言って、そのまま流れていくでしょう。

その点、「あのとき、お前はこう言った」と延々とやり続ける雑誌もあるじゃないですか、何とは言いませんが……。「秘宝」はそうではない気がするな。みんながわりと勝手なことを書いているのが、「映画秘宝」だと思っていて。意見が別に一枚岩であるはずもなく。

ヨシキ さっき「秘宝系」上等って言ったけど、「映画秘宝」を20年以上やっていて、ライターや編集者が一堂に介したことなんて1度もないからね。忘年会とか新年会もない。それこそホークとか、個人的に付き合いのある人と数人で飲むようなことはあるけど。みんな独立した個人。当たり前じゃん。だから**「秘宝系」と言いたがる人が想像するような、内輪でキャッキャしてるようなことは全然ない**ですね。全ッ然ない。逆に寂しいくらいだよ！(笑)。

ホーク よく言われるのは、公開までは一所懸命特集して盛り上がっているのに、いざ封切られたら駄作だと手のひらを返すって。

ヨシキ それは仕方ないよ。だって蓋を開けたらダメだったんだから。

ホーク 俺たちだって楽しみにしていたんだよ！

ヨシキ あと蔑称としての「秘宝系」を使う人の中には、ヘンテコな映画が好きだとか、

Ｂ級映画が好きだ、ということを「アピール」しようとしているって曲解する向きもあるけど、**そんな軽々しい気持ちで25年とか30年とか続けられるわけがない**でしょう。毎年毎年、ブルース・リーや『悪魔のいけにえ』、『ゾンビ』や『食人族』の話を飽きもせずにしてるのは、単純に大好きだからだよ！　それだけです。

ホーク　「好きなふり」なんてできるか、こんな長いこと！　あと昔は悪趣味を標榜していたくせに、今じゃＰＣに配慮しっって。態度を変えて二枚舌だと言われてもですよ、25年もやっていたら大人にもなるよって。

「映画批評」のゆくえとは？

――インターネットが普及したのは、雑誌にとってやはり大きなことだと思います。アメリカではロッテントマト、日本ではフィルマークス★23のような大手レビューサイトもできました。そこに思うところはありましたか？

田野辺　フィルマークスはしばらくの間、かなり熱心に読んでいましたが、ここから何かを持った書き手は出ないなと思って、今は距離を置いています。フォーマットとして、誰でも同じように書けるシステムですから。**ウェブと書き手が最も有効に連動したのは、ブログ時代が最後**だと思います。Twitterは限られた文字数で勝負するから、たった一言のよほどの殺し文句を書ける才能がないと、ステップにするのは難しいですね。

★23　フィルマークス
株式会社つみきが、2012年に開設した映画レビューサービス「Filmarks」のこと。ユーザーは作品ごとに星で評価数値を付けたり、感想を掲載したりできる。ユーザー間でフォロー／フォロワーになることができるように、SNS的な性格も持っている。日本の大手映画レビューサイトには他に、「Yahoo! 映画」「映画.com」などがある。

ヨシキ　「Twitterだと断片が流れていく感じだから、どうしても「読ませる」感じとは違うのかな。

田野辺　「Twitterも今は、インフルエンザじゃなくて、……えーとなんだっけ。

ヨシキ　コロナウイルス。

ホーク　インフルエンサー。

ヨシキ　あ、そっちか！

田野辺　こと一定のジャンルに関しては、そういう人が出てきましたが、要は誰もが納得する殺し文句を、絶妙なタイミングで発信できる才能があるってことですよね。**Twitterはじめ SNS に流れてくる映画言語は、あっという間に通り過ぎるものが圧倒的に多い**から、何かの映画の盛り上がりの痕跡を残すことは稀《まれ》にあっても、ずっと読まれるものじゃないですよね。

　ロッテントマトの話をすると、あそこも最初はジャッキー・チェンのオタクが、ジャッキーに関するありとあらゆる記事を集める目的から始まった、プライベートな意向が働いていた。それが批評家と一般のレビュアーが、それぞれ映画に得点をつけていくフォーマットに移行していった。映画の出来をジャッジする営利団体になったってことですよね。世界的には、映画の評価を推し測る目安として定着したけれど、その時点で私の中で信用性はなくなるんですよ。それは**自発的な衝動で発せられる言葉じゃない**から。

映画の宣伝でも「ロッテントマトで何点！」という売り方をするけれど、あれはベストテンの集計と一緒で、ある映画を熱狂的に支持している人が一定数いれば、点数がボーンと上がる仕組みです。そこに批評性はないと思う。

ヨシキ　これも「映画秘宝」の功罪があるのかもしれないけど、今は借り物の言葉……の断片が飛び交っている。ある映画がなぜ面白いのか、ということを語るときに、「それっぽい口調」が往来するばかりで、その核になるコンセプトとか価値観の転倒といったものが見えにくい。

　手前味噌になるけど、たとえば昔、中原昌也さんと『ショック！残酷！切株映画の世界』★24を作ったときは、コンセプトがまず重要だった。それまでスプラッター表現はホラー映画と切り離して語られることがなかったけど、いやそんなことはないと。肉体が千切れて血が吹き出す、という現象だけを見れば、『プライベート・ライアン』と『オーメン』は同じ地平にある作品なんじゃないかと、そういうことを考えてやったわけです。それは『悪趣味洋画劇場』や『エド・ウッドとサイテー映画の世界』が、当時「見捨てられていた映画」の価値を再発見・再評価したこととつながっている。**それまでになかったコンセプトや価値観で語り直す**ということが大事。

ホーク　何かを語るにおいての視点の置き方ですよね。今は洋の東西を問わず、ネット媒体に、似たような記事があふれていますね。たとえば、『ジョーカー』の社会的背景はこ

★24　『ショック！残酷！切株映画の世界』
2008年に刊行された映画秘宝のムックシリーズ「別冊映画秘宝」の一冊。「切株映画」とは、人体が破壊・切断される描写のある映画のことで、ホラーを中心としながらも、ジャンルではなくあくまで「切株」という残酷表現の美学を謳い上げる。

うなっています、影響を与えた映画はこれとこれです、という原稿。それ自体は、比較的誰にでも書けるじゃないですか。

ヨシキ　うん。そういうのはとても増えていると思う。一方で、こないだ読んで感動したんだけど、『ミッドサマー』のマニアの人が微に入り細を穿《うが》って書いたウェブ記事のようなものもあって、そういうのは本当に読んでて楽しい。何を言ってるか半分くらいしかわからなくても、熱量がすごいんだ。これは「映画秘宝」の記事でもよくある現象だけど。

しかし、うーん、そりゃあ時代背景、社会とのつながり、どんな映画から影響を受けているか、というようなことだって、無意味とは言わないけど、入学試験じゃないんだからさ。そういう「教養」が求められるようになったのは、町山さんや宇多丸さんの影響もデカいんじゃなかろうか。いや、その2人がそういうことしか言っていないという意味じゃなくて。

田野辺　今、町山さん、宇多丸さんと、日本の映画界で大きな影響を持つ人の名前が挙がったけど、彼らは自分の映画に対する姿勢と、言葉と、メディアを確立しているから強いですよね。

彼らが今後、淀川長治★25のような存在にまでいくのか、今後の課題になると思います。淀川長治が1998年11月11日に亡くなったとき、私は凄まじい喪失感を覚えて、そのことを『この映画をみろ！』98年版の冒頭に書いたんです。つまり、**淀川長治という人は、**

★25　淀川長治
1909年生まれ。映画評論家。映画雑誌「映画の友」の編集に携わったのち、「日曜洋画劇場」の映画解説者として、30年以上にわたってお茶の間に映画の魅力を伝え続ける。番組最後の「サヨナラ、サヨナラ、サヨナラ」というフレーズとともに、「ヨドチョー」の愛称で親しまれた。おそらく日本史上、最もポピュラリティーを獲得した映画人。

双葉十三郎と並んで、どんな映画であっても自分の体験した映画史と結びつけて語れる人だったんです。だから『ロボコップ』について解説するときに……。

ホーク 『人間タンク』★26。

田野辺 その通り。絶対に『人間タンク』の話をする。

ヨシキ シュワルツェネッガーの話をするときには、ジョニー・ワイズミュラー★27の話から入るとか。

田野辺 これは極論になるかもしれないけど、**自分の映画史の引き出しをしっかり持っている人じゃないと、新作映画の評論・批評をするのは、実は難しい**と考えています。映画について書いているものに、信頼できる評価軸があるかないかは、それぞれの映画史をしっかり持って、常にそれと照らし合わせているかどうかで決まると思っています。ヨシキ君はヨシキ君の映画史を持っているし、ホークはホークの映画史を持っているでしょう？『シュワルツェネッガー主義』を作ったとき、ホークが言いました。「町山さんたちは70年代にブルース・リーの映画を観た体験がある。だけど、俺にはない。あるのはスタローンとシュワルツェネッガーだ」と。それでシュワルツェネッガーだけで、1冊やれると私は確信した。そこには、ホークの映画史が浮かび上がるはずだから。

もう一つ、自分にとって実験だったと思うのは、洋泉社で最後に作ったヨシキ君の新書『スター・ウォーズ 禁断の真実』ですよ。シリーズが完結する前に何が書けるか？ ハッ

★26 『人間タンク』
1919年・米／監：バートン・キング／演：ハリー・フーディーニ、マーガレット・マーシュ
脱出王と呼ばれ、奇術師として有名なフーディーニが出演したサイレント連続活劇。「史上初めてロボットが登場した映画」とも言われる。

★27 ジョニー・ワイズミュラー
1904年、ルーマニア生まれ。アメリカ代表の水泳選手として、オリンピックで金メダルを取るなど活躍したのち、俳優になる。32年に『類猿人ターザン』で主演したことを機に、以降数々のターザン映画に出演する。

キリ言って見えなかった。そこで、ヨシキ君は自分に猛烈な縛りを作った。ルーカスの出自とか、キャンベルの神話体系をヒントにしたとか、そういう一度でも誰かが書いたことは、絶対に書かない。77年のアメリカで巻き起こったブームの話もせず、同時に全作を観て、資料も片っ端から当たり、新しい『スター・ウォーズ』像をあぶり出す。その結果、改めて映画の抱える問題が浮かび上がった。

ヨシキ　エピソード番号順に批評してはどうか、というのは田野辺さんからいただいたアイディアでした。ただ、これまでの自分の中の『スター・ウォーズ』世界の順序、つまり公開順という枠を外して、フラットに観ることで見えてきたものは確実にありました。そのおかげで、公開当時は本当にどうかと思った『ローグ・ワン』の良さに気づくことができたりもした。

田野辺　新しい映画の見方を世に出すには、繰り返しになるけれど、自分の中の映画史を持っていないとやはり難しい。『邦キチ！映子さん』（服部昇大、ホーム社）という漫画で、「今の若い映画ファンは大変なんだ。新作も追わなきゃいけない。旧作も観ないといけない。それだけで大変なんだ」って絶叫しているコマがあった。そりゃ大変だ。

でも、この解決方法って実は簡単で、**とにかく自分の好きな映画や、監督や、役者を観る経験を積み上げていけばいい**んですよ。かつて淀川長治が『ロボコップ』を紹介する際に、『人間タンク』の話をしても、我々にはそれをすぐ観る機会ってなかったじゃないですか。無理して興味のない映画を観て背伸びする必要はないし、面倒くさい話題作を全部理解する必要もない。自分の好きなものだけを積み重ねていけば、自ずと興味の外にある映画の持つ意味もわかってくる。評価軸も出来る。

それを一気にふっ飛ばして、全部わからせるようなガイドブックや評論本が嫌で、私も町山さんも、そうじゃない、自分たちが好きな映画を好きに書くことを、あえてやっていたところがありますよ。だから、営利団体になったロッテントマトは信用しない。あそこが選んだベスト100には、『ジョーズ』も『燃えよドラゴン』も入っていない。この間、確認のためにもう一度見たら、グッとランクが上がっていた旧作があった。それは『モダン・タイムス』★28ですね。『ジョーカー』が引用した影響があったんでしょう。「やっぱりチャップリンだ」って。「何言ってるんだ、天国で淀長が笑うよ」と言いたい。

ホーク　ロッテントマトは食べログみたいなものでしょう。みんな損したくないから、じゃあ、点の高いお店で食べようかって話で。あそこで見られているのは点数だけであって、その点数の元になっている批評は誰も読みにいかないですよね。**良く出来た批評は読み物として面白い**んですけどね。ロジャー・イーバート★29とか、生きている間はずいぶん読みました。

ヨシキ　ロジャー・イーバートとか、ポーリン・ケイル★30とかの批評は、それ自体として面白いから、自分の意見と真逆でもまったく問題なく読める。

★28　『モダン・タイムス』
36年・米／監・脚・演：チャールズ・チャップリン／演：ポーレット・ゴダード、ヘンリー・バーグマン
喜劇王・チャップリンの代表作の一つ。工場の労働者として働く主人公が、精神病院送りになる、冤罪で収監される、造船所で働けなくなる、など散々な目にあって放浪しながらも、少女との出会いをきっかけに幸せを追い求めるようになる。機械文明と資本主義を風刺したコメディ。

ホーク　僕も初期の「映画秘宝」で取り上げられていた作品を、全部観ていたわけじゃなくて。書いてあることを読んでゲラゲラ笑って満足して、映画そのものはついぞ観ないってことは、意外とありますからね。

田野辺　映画評論の難しいところは、取り上げる作品をいかに真剣に論じても、それで**映画そのものに感じた面白さのすべてをまとめることは、物理的に無理**なところですね。凄まじい執念がないと、全体像の100あるうちの1も取れない。頑張ってやって、10取れれば御の字だと思います。

でも、自分だけの映画史を積み上げて、それと今の状況を照らし合わせていく努力をしないと、まず新作を観るための基準が成立しないわけじゃないですか。たとえば『パラサイト』がアカデミー賞を取った。その直後、Twitterを見たら、「ポン・ジュノに勝てるような日本映画は存在しない、やっぱりダメだ」って論争が起こっていた。何を言っているのか。君たちは『仁義の墓場』を観ているのか？『トラック野郎』を観ているのか？『狂い咲きサンダーロード』は？それこそ『シン・ゴジラ』のような最近の映画でも構わない。熱狂した体験がベースにある自分の映画史があったら、そんな批判は口が裂けても言えない。

やはり淀川長治が亡くなった1998年以降、ネットで映画論はものすごい分量でやり取りされているけれど、その実、後退戦をずっとやっている印象があるんですよ。

★29　ロジャー・イーバート　1942年、イリノイ州生まれ。映画評論家。「Chicago Sun-Times」誌を中心に映画評論を執筆し、1975年にはピュリッツァー賞を受賞している。ジーン・シスケルとともに『スニーク・プレビューズ』や『シスケル＆イーバート＆ザ・ムービーズ』といったテレビ番組の司会を担当するなど、アメリカで最も有名な映画評論家の一人だった。彼を題材にしたドキュメンタリー映画として『Life Itself』(14)がある。2013年4月、70歳で没。

★30　ポーリン・ケイル　1919年、カリフォルニア州生まれ。映画評論家。「The New Yorker」誌を中心に映画評論を執筆し、時に辛口な評で読者から愛された。邦訳本として『映画辛口案内』(晶文社)、『今夜も映画で眠れない』(東京書籍)、『明かりが消えて映画がはじまる』(草思社)など。2001年9月、82歳で没。

映画批評、映画評論が要らない時代になっていると、ずっと言われています。でも、**誰かが自分の映画史を作るための参考として、書物として残す**必要があります。それはやっぱり、紙じゃないとダメです。ネットだと右から左へ流れて、最後には生々しい感激がどこかに埋もれてしまうから。だからこの時代、白腹を切ってまで映画研究本を自費出版するような、過剰な思いを持っている人たちに私は期待をしていますね。

おわりに——高橋ヨシキ

今年（2020年）6月、「前田ハウス」という聞き慣れない単語がメディアを賑わせた。「前田」というのは経済産業省・中小企業庁の前田泰宏長官のことである。2017年、前田氏はテキサス州オースティンを訪れた。映画や音楽の複合巨大イベントSXSW（サウス・バイ・サウス・ウェスト）を「視察」するためである。このとき、前田氏は会場近くのアパートに滞在、そこを「前田ハウス」と名付け、関係者や知人を集めて百人規模の酒宴を張った。

ところが、その中に当時電通の社員で一般社団法人「サービスデザイン推進協議会」の理事でもある平川健司氏が参加していたことから、「前田ハウス」はスキャンダル化した。というのも、サービスデザイン推進協議会は中小企業庁から巨額の事業を次々と委託されており、両者はきわめて太い利害関係で結ばれていたからだ。「前田ハウス」でのパーティは、彼らの癒着ぶりを示すものだと受け取られたのである。

さて、2017年に「前田ハウス」で官僚と取り巻きどもがどんちゃん騒ぎを繰り広げていたとき、僕は新宿のレストランで友人とささやかな祝杯を上げていた。友人の名前はトレント・ハーガ。トレントはもともとトロマ映画出身の映画作家で、このときはゲーム『サイコブレイク2』のカットシーンの演出のため、数ヶ月に渡って東京に滞在していたのだった。ケンタッキー州の炭鉱地帯出身のトレントは、文字通り叩き上げの映画人で、トロマ時代にはのちに『ガーディアンズ・オブ・ギャラクシー』で名を成すジェームズ・ガンと組んで、『トロマズ・エッジTV』という有線放送を毎日作っていたこともある。

そんな彼の長編監督2作目となる映画『68キル』(17年)が、SXSW映画祭のミッドナイト部門でプレミア上映され、観客賞を受賞したというのである(熱狂的な反応に応え、『68キル』は2回上映された)。だが、そのハレの日、トレントは遠く離れた東京にいて、現地の熱狂を肌で感じることができない状態にあった。そこでせめてものお祝いの席として設けたのが、くだんの晩だったというわけだ。

仕事の都合とはいえ、自分の監督作品のハレの舞台に出席することが叶わなかった映画監督がいた一方、「前田ハウス」では利権と癒着にまみれたオッサンやその取り巻きたちが、プラスチックのコップに注いだビール片手に、日本の居酒屋とまったく変わらぬ飲み会に興じていた。「視察」が聞いてあきれる。

テキサス州の州都オースティンは、テキサス大学オースティン校を擁《よう》する文化都市であり、10日間も続くSXSWでは、上映やコンサートだけでなく、何百という講演会やコンフェランス、ワークショップが開かれる。全米のみならず世界中からやって来た参加者は、そうした場で親交を温める。開放的な雰囲気のフェスティバルであり、著名な映画作家やミュージシャンと接触するチャンスだっていくらでもある。

だが、経済産業省と電通のオッサン、その取り巻きは、外部から遮断されたアパートの一室で、学生のコンパもかくやの安っぽい酒宴を開き、SXSWのロゴの上下に「MAEDA HOUSE」と大書した幕の前で「カンパーイ」とかやっていたのである(「週刊文春」の記事によれば、前田長官はSXSWのイベント自体、視察もしておらず参加もしていなかったという)。

彼らの行動は怯《おび》えと驕りに基づくものであり、その意味において、現代日本の病理を象徴していると見ることができる。それは「関係性の病」とも言えるだろう。「前田ハウス」の中では、「肩書」と「コネ」を保持することができる。しかし、「前田ハウス」から一歩外に足を踏み出した瞬間、その「肩書」と「コネ」は無用の長物と化す。そのことを無意識的にであれ、よくわかっていたからこそ、彼らはテキサス州オースティンという、そのとき自分たちが身を置いていた「現実」と隔絶した「ミニ日本」としての「前田ハウス」

を作り出す必要があったのだ。

怯えと驕りの間を行ったり来たりする、このようないじましさは、今の日本のいたるところに見出すことができる。

もちろん、自分が「関係性の病」から完全に自由だと言いたいわけではない。だが、端的に言って、外国の映画を観るという体験は、自らの「現実」を越える何ものかに触れたいという根源的な欲求と結びついていたのではなかったか。映画を観たり小説を読んだりすることを指して、「安全圏から作品内の世界を眺めて」云々、という物言いがされることもあるが、本来、表現に触れるということは、もっと危険をともなう行為だったはずである。映画館に入ったら、とある本を開いてしまったら、その曲を聴いてしまったら……それに触れる前と後とでまったく違う人間になってしまうかもしれない。そういう可能性は常に開かれている。

そんなことはもう御免こうむりたいという気持ちもわからないではない。我々を取り巻く現実はますますパラノイアックで悪夢的なものへと変貌しつつあり、このクレイジーな状況すべてに「正しく」対応できる人間はいない。9・11テロのあと数ヶ月にわたって、アメリカ政府が発表する「レッド・アラート」「オレンジ・アラート」に一喜一憂した日々を覚えている人も多いと思う。今は世の中のありとあらゆることについて——もちろん、その中にはCOVID-19のパンデミックも含まれる——相反する「アラート」が氾濫しているため、何を起点に物事を考え、判断したらいいのか途方に暮れることもしばしばだ。だったら、まずは途方に暮れてみるか。というのが本書の対談のスタート地点である。それはやむをえないことでもあった。

今の世界で最も注意しなくてはならないのは、他者に対する信じられないほどの冷酷さをおいて他にない。他者に対する想像力というものが、はなから存在しないかのように振る舞う連中も増えた。そのような想像力を欠いている状態こそが「力」だと言わんばかりに、公然と他民族の虐殺や「命の選別」を口にする畜生以下の人間の言動をメディアで目にすることもあり、そのたびに総毛立つ思いだ。少なくとも社会の一部は、すでにアノミー状態に突入している。

何かを理解し、それに共感するためには想像力が必要だ。想像力は広義の文学(そこに映画も含まれる)を通じて養われるものである。表現には無数のレイヤーがあり、光を当てる角度によってさまざまな表情を見せる。鉱物の結晶が光の当て方次第で七色に輝くように。そんな当たり前のことがなかなか通じなくなってしまっているのではないか、という焦燥感は、ここ数年でますます増している。

だから、野暮ったいと思われようが、ダサいと思われようが、当たり前のことを何度でも繰り返し伝えていく必要がある、と僕は思っているし、それはてらさわホーク君も同様だと確信している。起点をそこに置く必要があるのは、コンテクストを恣意的に無視することでコミュニケーションの双方向性を阻害しておきながら、まさにそのコミュニケーションの不可能性の地平において自分が「勝者」であると宣言して憚《はばか》らない、おそるべき欺瞞《ぎまん》が跋扈《ばっこ》しているからだ。このような幼稚で不遜な傾向を加速させたのが、幼稚で不遜な現政権の幼稚で不遜な言動であることは論を俟《ま》たない。

幼児の世界に「他者」は存在せず、「快・不快」という情動を超える複雑なニュアンスの理解を促すコンテクストは無化される。他者の他者性に対する怯えと、驕り、すなわち幼児的な全能感が、ここにも顔をのぞかせている。

このような精神的荒廃の中で、我々にできることは何だろうか？と考えたときに、それが対話の形を取ることはある種の必然でもあった……と、今になって振り返って思わないでもない。口はぼったい言い方になっているのは、そもそもホーク君と僕とで対談をして、それを一冊の本にしようというお話をいただいたときに、そこまでクソ真面目なものにしようという意図がなかったからで、これは僕とホーク君の性質上仕方のないことでもあった。

しかし、対談を始めてすぐにわかったことは、そのときどきで話しているトピックがなんであれ、必ずどこかでクソ真面目にならざるをえない局面が浮上してくるということだった。例えとしてふさわしいかどうかわからないが、たとえばコメディ映画だろうが、スプラッター映画だろうが、まともな映画にしようと思ったら常にクソ真面目に作業するしかない、ということに似ている……かもしれない。

（本書は別に悪趣味を標榜しているわけではないが）「悪趣味」が常に「テイスト」を前提とせざるをえないように、たとえそれが「現在の80年代リバイバルにはニンジャとエアロビの要素が足りない！」という、極めてどうでもいいようなトピックであっても、それについて語り合うためには一定のシリアスネスがどうしても必要で、それは畢竟《ひっきょう》、他者の他者性への想像力というところに結びつく。トロマ映画だって公害について（『悪魔の毒々モンスター』シリーズ）、あるいは原子力発電所の危険性について（『悪魔の毒々ハイスクール』シリーズ）、あるいは家庭内の性暴力について（『トロメオ&ジュリエット』）という風に、根底の部分には何かしらのシリアスネスを内包しているのである（なお、『トロメオ&ジュリエット』の共同脚本を手がけたのは、若き日のジェームズ・ガンであった）。

「はじめに」でホーク君も書いているように、僕と彼がしょっちゅう（本当にしょっちゅうだ）だべるようになって、すでに22年もの歳月が経つ。知り合った当初、まだぎりぎり20代だった僕も50代に突入した（これは未だに信じられない事実である。時空が歪んでいるせいであろう）。これも「はじめに」にあるように、22年前、我々は朝までビール片手に『俺がハマーだ！』がどうの、『エイリアン』がどうの、ヴァーホーヴェンがどうの、『エクソシスト』がどうの、という話に興じていた。床といい椅子といい、すべてがベタベタした24時間営業のチェーン居酒屋で。

そしてコロナウイルス禍で外出もままならない現在、我々はそれぞれの家でノートパソコンを広げ、モニタ越しにビールを傾けながら、やっぱり『エイリアン』がどうの、『エクソシスト』がどうの、と飽きもせずだべっている。だが、そのだべりの質は明らかに変化した。『エイリアン』も『エクソシスト』も、他人事ではなくなってしまったからだ。娯楽映画はバリエーション豊かな地獄絵図を描いてきたが、カリカチュアだったはずの地獄は今や我々を取り巻く現実となった。

本書は言ってみれば、その、原理的に脱出不可能な「地獄」がどのようなものなのかについて、映画を取り巻く状況を手がかりに観察してみた記録のようなものだ。僕もホーク君も、これまでにとんでもなくヘッポコな映画を無数に観てきた。だが、ヘッポコな映画について語り合う中でその「ヘッポコ性」の一端が明らかになり、そのことで何かが理解できることもある。たとえ取り除くことが不可能だとしても、息苦しさの原因を知ることには意味がある。

まだ、くたばるわけにはいかないのだ。ヘイルサタン。

ヨシキ×ホークのファッキン・ムービー・トーク！

2020年8月31日　初版第1刷発行
2020年9月14日　第2刷発行

著者　高橋《たかはし》ヨシキ　てらさわホーク
装丁　高橋ヨシキ
装画　うとまる
編集協力　秋山直斗
DTP　臼田彩穂
編集　木下　衛
発行人　北畠夏影
発行所　株式会社イースト・プレス
〒101－0051　東京都千代田区神田神保町2－4－7　久月神田ビル
Tel　03－5213－4700
Fax　03－5213－4701
https://www.eastpress.co.jp
印刷所　中央精版印刷株式会社

ISBN 978-4-7816-1904-0